MARCO POLO

Sizilien
Liparische Inseln

Reisen mit Insider Tipps

Diesen Führer schrieb der Reisejournalist Hans Bausenhardt. Den Südteil Italiens kennt er bereits seit 35 Jahren durch viele Reisen und lange Aufenthalte.

www.marcopolo.de
Infos zu den beliebtesten Reisezielen im Internet, siehe auch Seite 109

SYMBOLE

 MARCO POLO INSIDER-TIPPS:
Von unserem Autor für Sie entdeckt

 MARCO POLO HIGHLIGHTS:
Alles, was Sie auf Sizilien kennen sollten

 HIER HABEN SIE EINE SCHÖNE AUSSICHT

 WO SIE JUNGE LEUTE TREFFEN

PREISKATEGORIEN

Hotels	
€€€	über 100 Euro
€€	50–100 Euro
€	bis 50 Euro

Die Preise gelten pro Nacht für zwei Personen im Doppelzimmer mit Frühstück.

Restaurants	
€€€	über 40 Euro
€€	25–40 Euro
€	bis 25 Euro

Die Preise gelten für ein Essen mit Vor-, Haupt- und Nachspeise ohne Getränke.

KARTEN

[120 A1] Seitenzahlen und Koordinaten für den Reiseatlas Sizilien

Karten zu Catania, Palermo, Taormina und Trapani finden Sie im hinteren Umschlag.

Eine Karte zu Syrakus finden Sie auf Seite 55.

Zu Ihrer Orientierung sind auch die Orte mit Koordinaten versehen, die nicht im Reiseatlas eingetragen sind.

GUT ZU WISSEN

Trinakria **11** · Fiumara **14** · Sizilianische Spezialitäten **20**
Mützen und Hüte **35** · Hörnchen **47**
Gestik und Mimik **61** · Mattanza **78**

INHALT

DIE BESTEN MARCO POLO INSIDER-TIPPS — vorderer Umschlag

DIE WICHTIGSTEN MARCO POLO HIGHLIGHTS — 4

AUFTAKT — 7
Entdecken Sie Sizilien!
Geschichtstabelle — 8

STICHWORTE — 13
Alltägliches Drama in Ausschnitten

ESSEN & TRINKEN — 19
Viele fremde Köche

EINKAUFEN — 23
Majolika oder Marionetten

FESTE, EVENTS UND MEHR — 24

DER NORDOSTEN — 27
Überlebensgroß der Ätna

DER SÜDOSTEN — 43
Ein steinernes Geschichtsbuch

PALERMO UND DIE NORDKÜSTE — 57
Das »schönste Vorgebirge der Welt«

DER SÜDWESTEN — 69
Antikes Pflichtprogramm

LIPARISCHE INSELN — 83
Vulkanische Märchenwelt

AUSFLÜGE & TOUREN — 93
Zu Wein, Weizen, Salz und Schwefel

SPORT & AKTIVITÄTEN — 99
Von Mountainbiking bis Paragliding

MIT KINDERN REISEN — 103
Spaß für die ganze Familie

ANGESAGT! — 106

PRAKTISCHE HINWEISE — 107
Von Anreise bis Zoll

SPRACHFÜHRER — 113

REISEATLAS SIZILIEN — 117

KARTENLEGENDE REISEATLAS — 119
MARCO POLO PROGRAMM — 129
REGISTER — 130
IMPRESSUM — 131

BLOSS NICHT! — 132

Die wichtigsten
Marco Polo **Highlights**

Sehenswürdigkeiten, Orte und Erlebnisse, die Sie nicht verpassen sollten

 Ätna
An seinem Fuß wachsen Palmen und Zitronen, sein Gipfel ist eine Wüste aus Lava und Eis (Seite 32)

 Teatro Greco-Romano
Der Ätna liefert den ganzen Sommer das Bühnenbild für klassische Theater- und Musikdarbietungen in Taormina (Seite 39)

 Piazza Armerina
Die Mosaiken der Villa del Casale zeigen die ersten Bikinimädels der Geschichte (Seite 46)

 Noto
Die wohnliche Barockstadt entstand in 50 Jahren am Reißbrett (Seite 47)

 Museo Regionale Archeologico
Der ganze Reichtum des antiken Sizilien ist in diesem großen Museum in Syrakus zusammengetragen (Seite 53)

 Pantalica
Auf Wanderwegen kann man sich die Anapo-Schlucht und 7000 Jahre Geschichte erschließen (Seite 55)

 Dom
Der älteste Normannendom Siziliens mit seinem riesigen Chor steht in Cefalù (Seite 58)

Kultureller Schauplatz bis heute: Taorminas antikes Theater

Erice: das Normannenkastell

 Palazzo dei Normanni und Cappella Palatina
Seit über 900 Jahren ist der Königspalast in Palermo Regierungssitz (Seite 62)

 Vucciria-Markt
Dieser Markt in Palermo ist eine nahrhafte Augenweide – bis weit in den Abend hinein gibt es hier südliche Köstlichkeiten (Seite 65)

 Dom von Monreale
Auf 6340 m² Wandfläche erzählen goldene und farbige Mosaiken die Geschichten aus der Bibel (Seite 67)

 Valle dei Templi
Die 2500 Jahre alte Stadt Akragas (Agrigent) in ihrer vollen Größe (Seite 70)

 Selinunt
Die gigantischen Steinmassen der 2500 Jahre alten Hafenstadt liegen wunderschön auf einem Plateau über dem Meer (Seite 74)

Vucciria: die Vielfalt der Oliven

 Erice
Wie ein Vogel schwebt die noch intakte mittelalterliche Stadt über der Ebene und dem Meer (Seite 79)

 Stromboli
Das nächtliche Feuerwerk des Vulkans können Sie in Gipfelnähe, aber auch vom Boot aus beobachten (Seite 89)

 Vulcano
Der Untergrund dieser Insel ist heiß und schweflig, denn der Vulkan ist noch aktiv – er schläft nur (Seite 91)

 Die Highlights sind in der Karte auf dem hinteren Umschlag eingetragen

AUFTAKT

Entdecken Sie Sizilien!

Zu Gast bei erfolgreichen Verlierern aller Schattierungen

Beim ersten Schritt auf sizilianischem Boden stellen Sie fest: Sizilien ist anders als Italien, bunter und extremer. Die aufregendste Annäherung an Sizilien ist zugleich die häufigste, nämlich die mit dem Zug oder auf der hoch über der kalabrischen Küste verlaufenden Autobahn. Bei klarem Wetter werden schon 150 bis 200 km vor Villa San Giovanni, dem wichtigen Fährhafen, zuerst der einsame Vulkankegel des Stromboli weit draußen im Meer und die Liparischen Inseln, dann die Bergketten der sizilianischen Nordküste und endlich, wie ein breiter Fluss, die Meerenge sichtbar, der *Stretto*.

Schön bunt, dieser »Cinquecento«

Sizilien ist in seiner Vielfalt selbst ein kleiner Kontinent. Sie werden auf Schritt und Tritt Entdeckungen machen, Ihr ganz eigenes und persönliches Sizilien kennen lernen.

Mit 25 709 km² ist Sizilien die größte Insel des Mittelmeers und zugleich Italiens flächengrößte Region. Die etwas über 5 Mio. Inselbewohner leben sehr unterschiedlich verteilt. Extrem dicht besiedelten Gebieten, wie den beiden Ballungsräumen Palermo und Catania, der Nord- und Ostküste und dem Ätnagebiet, steht das sehr dünn besiedelte Landesinnere gegenüber, wo die Ortschaften zwar durchweg Stadtgröße erreichen, aber weit voneinander entfernt liegen. Palermo ist Hauptstadt der Autonomen Region Sizilien. Weitere Großstädte mit mehr als 250 000 Bewohnern sind Catania und Messina.

Die Natur des *Continente Sicilia* ist nicht nur Mittelmeer und Sonne. An der üppigen Küstenlandschaft im Nordosten verdorrt sogar im heißen Sommer die subtropische Blütenpracht nicht. Am Ätna floss die schwarze Lava bis ins Meer, und die Zitronengärten mit ihrem dunkelgrün glänzenden Laub reichen bis fast ans Wasser. Im Südosten, zwischen Syrakus und Ragusa, reicht eine Kalkplatte bis zum Ufer; ein fla-

Motive satt für Hobbymaler am Strand von Cefalù

Geschichtstabelle

800–580 v. Chr. Gründung vieler phönizischer und griechischer Städte an den Küsten Siziliens

415–250 v. Chr. Blütezeit der sizilianischen Griechenstädte

241 v. Chr.–440 n. Chr. Nach dem 1. Punischen Krieg ist Sizilien fast 700 Jahre römische Provinz

535–827 Sizilien gehört zum byzantinischen Reich

827–1061 Sizilien ist unter arabischer Herrschaft, Palermo wird 901 Hauptstadt

1061–91 Die Normannen erobern Sizilien. In den 150 Jahren normannisch-staufischer Herrschaft bildet sich eine Hochkultur aus, die arabische, byzantinische und westeuropäische Traditionen verbindet. Die Dome und Paläste u. a. von Palermo werden gebaut

1266 Nach dem Tod des Stauferkaisers Friedrich II. setzt der Papst die französischen Anjou als Könige von Neapel und Sizilien ein

1282–1516 In der »Sizilianischen Vesper« Aufstand gegen die Franzosen. Die spanischen Aragón werden Könige von Sizilien

1669 Lava überflutet Catania

1693 Verheerendes Erdbeben in Südostsizilien und rascher Wiederaufbau im Stil des Barock

1713 Nach dem Spanischen Erbfolgekrieg fällt Sizilien an Savoyen, später an das Haus Habsburg

1734–1860 Herrschaft der in Neapel regierenden Bourbonen

1860 Die Eroberung Siziliens durch Garibaldi ist der Auftakt zur Einigung Italiens

um 1870 Beginn der Auswanderung nach Amerika, zehn Jahre später Beginn der organisierten Mafiakriminalität

1908 Messina wird von einem Erdbeben völlig zerstört

1943–47 Nach der Landung der Alliierten stürzen Mafiaterror gegen die Bodenreform, Schwarzhandel und Separatisten Sizilien an den Rand des Bürgerkriegs

seit 1975 Die Mafia übt offenen Terror gegen den Staat und unterwandert ihn gleichzeitig. Der Widerstand organisiert sich zuerst langsam, aber ab 1985 verliert die Mafia an Boden, 1993 wird der Boss der Bosse, Totò Riina, 23 Jahre nach Ausstellung des Haftbefehls, in Palermo verhaftet

1998 Der Bau einer Brücke über die Meerenge von Messina wird beschlossen

2006 Geplanter Beginn des Brückenbaus. Die Arbeiten sollen 2012 abgeschlossen sein

AUFTAKT

ches, von Wind und Wasser zernagtes Kliff wird immer wieder unterbrochen von fast weißen, feinsandigen Stränden oder kilometerlangen Dünen, in denen ganze Gewächshausstädte die Gunst des auch im Winter warmen Klimas nutzen.

Afrikanisch hart und verbrannt ist die lange Südküste zwischen Gela und Selinunt. Sie wird von Flussniederungen unterbrochen, in denen durch zusätzliche künstliche Bewässerung regelrechte Oasen entstanden sind. Der Westen ist flach. Längs der Nordküste, zwischen Trapani und Palermo, ragen schroffe Kalkberge direkt aus dem Meer, kahl und leuchtend.

Eine lange, mehrfach unterbrochene Bergkette begleitet die Nordküste auf ihrer ganzen Länge und schirmt Innersizilien von den Regen bringenden Winden aus Norden und Westen ab. Sofern nicht abgeholzt oder von den Viehherden verbissen, sind diese Berge zum Meer hin von üppiger Vegetation bedeckt. In den Hochlagen wachsen stellenweise noch dichte Buchenhochwälder. Dort entspringen auch kräftige Quellen, die die Grundlage für die Wasserversorgung der dicht besiedelten Nord- und Ostküste bilden. Eine Vielzahl meist kleiner Dörfer hoch über den Tälern der Fiumaren liegt in 10 bis 20 km Abstand zur Küste auf halber Höhe – Dörfer, die mit ihrer kleinen Landwirtschaft, die gerade einmal den Eigenbedarf deckt, immer mehr ausbluten.

Zum Landesinneren hin sind die Berge weniger schroff, das Pflanzenkleid ist schütter. Die Landschaft mit ihren unermesslich weiten und kahlen Weizenfeldern und Ödlandflächen ist endloses Hügelland, unterbrochen von bizarren Bergspitzen und Felsketten. Die meist stadtgroßen Dörfer liegen weit auseinander, sie beherrschen die Landschaft. An höchster Stelle

> » *Die Zitronenbäume reichen bis fast ans Wasser* «

Selinunt: im 6. und 5. Jh. v. Chr. eine blühende Stadt, heute eine der größten antiken Stätten Siziliens

Grün das Tal, schneebedeckt der aktive Ätna

steht die fast immer von barocken Kuppeln gekrönte Hauptkirche. Im Zentrum liegt die große Piazza, eingerahmt von den mächtigen Palästen der örtlichen Adelsfamilien und von prächtigen Kirchenfassaden beherrscht. Der Platz ist die »gute Stube«, Treffpunkt.

Eine Welt für sich ist der Südosten. Eine weite, aus Kalkstein gebildete Hochebene, von tiefen Tälern und Schluchten zerfurcht, fällt nach Osten und Süden langsam zum Meer hin ab. Kilometerlange Mauern zerteilen die dürftigen Brachweiden. Die Hochflächen sind stark verkarstet, von magerem Gestrüpp und Hartlaubkräutern bewachsen. Die Talgründe und Küstenebenen sind immens fruchtbar, Frühgemüse, Orangen und Blumen kommen von hier. Die Städte sind geprägt durch den barocken Wiederaufbau nach dem verheerenden Erdbeben von 1693.

> *Abends trifft sich die ganze Stadt auf der Piazza*

Zerstörung und Vitalität gehen vom Vulkan Ätna aus. Kein anderes Gebiet Siziliens ist so dicht besiedelt. Städte und Dörfer wurden nach Zerstörungen immer wieder rasch aufgebaut, oft strahlender als zuvor. Baumaterial ist der haltbare schwarze Lavastein. Typisch sind beschwingte barocke Formen und der Farbkontrast zwischen dem schwarzgrauen Stein und dem weißen oder pastellfarbenen Putz. Türme und Kuppeln mit bunten Majolikakacheln ragen aus dem intensiven Grün von Gärten und Baumhainen.

Farbe und Schmuck dürfen im Alltagsleben der Sizilianer nie fehlen. So tragen sie die Natur in ihrer Fülle und Buntheit in ihre steinernen Städte und Dörfer. Bunt wie ein Fisch ist das Fischerboot – Nixen, Delphine oder Schwertfische schmücken es. Der sizilianische Karren mit seinen Schnitzereien

AUFTAKT

und dem reich verzierten Zaumzeug von Eseln und Pferden hat seine modernen Nachfolger gefunden: Es sind die Lastwagen und noch mehr die kleinen, bunten, dreirädrigen Ape-Lieferwagen. Die Märkte schwelgen in Üppigkeit, mit Blättern und Blüten werden die Gemüse- und Fruchtstände dekoriert, aus Kirschen kunstvolle Pyramiden errichtet. Kein Fischstand, der nicht mit frischen Meeresalgen und aufgeschnittenen Zitronen zum Blickfang gemacht würde.

So einfach und kahl die meisten Wohnungen möbliert sind, so prachtvoll sind die Kirchen ausgestattet. Flitter, Gold und Silber, Marmor und Lapislazuli oder auch deren gekonnte Imitation in Stuck und Farbe, Glitzerkram aus Glas und Halbedelsteinen schmücken Marien- und Heiligenfiguren, deren Gesichtsausdruck und Gebärden uns übersteigert vorkommen mögen. Sizilianer gehen da mehr aus sich heraus. In ihrer Seele, ihrer Mentalität sind alle Völker vertreten, die als Herrscher und Beherrschte auf der Insel gelebt haben.

Sichtbarer als andere Fremde haben die Araber Sizilien geprägt, und das Erbe dieser nur etwa 250 Jahre dauernden Zeit ist unübersehbar: Der arabisch-normannische Baustil von Kirchen und Palästen mit steilen Kuppeln, Blendarkaden und Spitzbögen ist augenfällig. Mehr aber noch bestimmen bis heute Neuerungen in der Landwirtschaft den Alltag der Sizilianer – neue Kulturpflanzen wie Orangen, Zuckerrohr, Baumwolle und Spinat fanden über Sizilien ihren Weg nach Europa. Außerdem veränderte die Einführung der künstlichen Bewässerung mit Gräben, Brunnen und Schöpfwerken das Gesicht der Insel, die schon seit den Tagen der Griechen und Römer die Weizenkammer des Mittelmeerraums gewesen war. Zeugen der antiken Blütezeit vor 2500 Jahren sind die gut erhaltenen griechischen Tempel, die Theater und die Stadtmauern, die oft weit mehr umgaben als die heutigen Städte.

» *Vitalität und Zerstörung gehen vom Vulkan Ätna aus* «

Trinakria

Siziliens Symbol seit der Antike

Der Frauenkopf mit den beiden Schlangen und Flügeln, aus dem drei Beine wachsen, ist seit der Antike das Symbol für Sizilien, Zeichen für seine Dreiecksgestalt, seine drei alten Provinzen, aber auch für das Sonnenrad und für Fruchtbarkeit. Das inoffizielle Wappen Siziliens begegnet einem überall – auf Streichholzschachteln, Postkarten und Souvenirs ebenso wie auf Marktkarren, Fischerbooten und Lastwagen oder Schildern von Bars und Läden, als Markenzeichen einer Brauerei in Messina, auf Stempeln, Fahnen, Internetseiten und amtlichen Briefköpfen.

STICHWORTE

Alltägliches Drama in Ausschnitten

Von Kirche und Großfamilie, Mafia und Auswanderung, vom carretto und corso

Auswanderung
Millionen Sizilianer, fast der gesamte Bevölkerungszuwachs der letzten 120 Jahre, sind ausgewandert, zuerst hauptsächlich in die USA und andere Länder in Übersee, dann nach dem Zweiten Weltkrieg in die westeuropäischen Industrieländer und nach Norditalien. Elend und Hoffnungslosigkeit haben besonders die Landbevölkerung aus der Heimat getrieben. Der Anschluss Siziliens 1860 an das geeinigte Italien brachte keine Bodenreform und keine sozialen Veränderungen für die Kleinpächter, Tagelöhner und Landarbeiter. Das Handwerk wurde durch Industriewaren aus Norditalien und dem Ausland rasch ruiniert. Die wichtigste Industrie Siziliens, der Schwefelbergbau, kam durch amerikanische Konkurrenz, die viel billiger produzierte, fast zum Erliegen.

Besonders in den Großstädten Amerikas bildeten sich rasch sizilianische Kolonien, in denen sich wie in der Heimat die Mafia und andere Geheimorganisationen mit kriminellen Zielen zur beherrschenden Macht entwickelten. Heute ist die Auswanderung weit gehend zum Stillstand gekommen, obwohl die Arbeitslosigkeit besonders unter Jugendlichen bestürzend hoch ist.

Carretto Siciliano
Transportmittel für die Bauern und Händler war bis zur großen Motorisierungswelle um 1960 fast ausschließlich der hochrädrige Karren. Die Räder und die Seitenbretter waren je nach Können des Wagenbauers und den Geldmitteln des Auftraggebers reich geschnitzt und über und über mit Bildern bedeckt, meist den Geschichten von Roland und den Paladinen Karls des Großen. Viele der Karren sind, in Teile zerlegt, in Privatsammlungen gelangt, andere stehen in den Museen für Volkskunst.

Corso
Am Abend, noch vor Sonnenuntergang, beginnt die *passeggiata*, wo alles auf den Beinen ist. Die Hauptstraße, der *corso*, oder der Hauptplatz, die *piazza*, sind dann für zwei Stunden Treffpunkt und Bühne, wo man sich zeigt und präsentiert, wo man für die Freunde, für alle und jeden da ist. Klatsch und Neuigkeiten werden ausgetauscht, Gerüchte auf den Weg gebracht. Die *passeggiata*

Die Sizilianer lieben ihren frisch gebrühten caffè in der Bar nebenan

ist die wohlkontrollierte Gelegenheit, sich zu verlieben und Zuneigung auszutauschen, Verlobungen und Ehen werden hier angebahnt und beschlossen, ebenso Geschäfte und Verträge.

Familie

Die Großfamilie bestimmt nach wie vor stark die Lebensgewohnheiten, auch wenn sich daran in den Städten und bei der jungen Generation – nicht nur durch die Möglichkeit der Ehescheidung – seit einigen Jahren vieles verändert. Innerhalb des Familienverbands sind die Rollen und Aufgaben fest vergeben. Den Männern gehört die Außenwelt: die Arbeit auf den Feldern, die abendliche *passeggiata* auf der Piazza, die Bar. Den Frauen gehören das Haus, am Abend statt der Piazza die Stufen vor dem Hauseingang oder das Stühlchen davor mit der Handarbeit und der Innenhof mit der Kleintierzucht und dem Gemüse- und Kräutergarten. Eifersuchtsdramen sind häufig, schon ein Verdacht führt oft zu blutigen Tragödien. Die wichtigste Frau im Leben des Manns ist dennoch nicht die Ehefrau, auch nicht die Geliebte, sondern die eigene Mutter. Sie kennt die Geheimnisse handgemachter Nudeln, der bevorzugten Soße dazu, sie ist stolz auf ihren Sohn, auf sein Auto, sein Haus, seine Kinder.

Giuseppe Garibaldi

Der italienische Nationalheld wurde 1807 in Nizza geboren, nahm an der Geheimbewegung zur italienischen Einigung teil, floh 1834 nach Frankreich und Südamerika und kehrte 1848 wieder nach Italien zurück, wo er im Dienst des Königs von Piemont-Savoyen Freiwilligentruppen gegen Österreich und den Kirchenstaat führte, zu denen damals große Teile Nord- und Mittelitaliens gehörten. Nach dem Misserfolg dieser Aktionen emigrierte er zuerst nach Amerika, dann auf sein Landgut auf der sardischen Insel Caprera. Von dort aus organisierte Garibaldi den »Zug der Tausend«. Mit seinen Rothemden landete er am 11. Mai 1860 in Marsala und

Fiumara

Steinwüste und reißende Wassermassen

Richtige Flüsse, die das ganze Jahr Wasser führen, gibt es auf Sizilien nicht. Im Sommer sind sie nach monatelanger Trockenheit Rinnsale, die sich im Geröll verlieren und nur selten das Meer erreichen. Im Herbst und Winter, wenn in wenigen Tagen und Wochen mehr als die Hälfte des Regens eines ganzen Jahrs niedergeht, füllen sich die oft kilometerbreiten Schotterwüsten, und ein Strom aus Wasser, Erde, Sand und Steinen reißt alles mit. Brücken, Straßen, Felder und Häuser längs der Fiumaren können innerhalb weniger Stunden Opfer der Wassermassen werden, die sich Sizilienreisende beim Anblick der sommerlichen Steinwüsten kaum vorstellen können.

STICHWORTE

Kirchliche Autorität, gekleidet in architektonische Vielfalt: Palermos Dom

schlug die bourbonischen Truppen zum ersten Mal am 15. Mai bei Calatafimi. Er bekam Zulauf aus allen sozialen Schichten. Am 6. Juni kapitulierte Palermo, am 28. Juli Messina. Am 7. September eroberte er Neapel, die Hauptstadt des süditalienischen Königreichs. Und am 26. Oktober 1860 wurde das Königreich Italien mit König Vittorio Emanuele von Savoyen an der Spitze ausgerufen.

Kirche

Bis auf die Albaner und die wachsende Zahl der für immer im Land lebenden Tunesier und Marokkaner sind praktisch alle Sizilianer katholisch. Die Kirche greift nach wie vor in die meisten Bereiche des Alltagslebens ein, gehört dazu und verschafft sich immer wieder mit Nachdruck Gehör.

Ein Großteil der Kindergärten und viele Schulen sind in kirchlicher Hand, ebenso viele Sozialeinrichtungen. Der Einfluss der Nonnen auf Kinder und Mütter ist groß, auch wenn er vielfach oberflächlich bleibt und oft zu einer von Äußerlichkeiten geprägten Kirchlichkeit führt. Die weiße Braut und das kirchliche Begräbnis sind selbstverständlich, der regelmäßige Kirchenbesuch schon weniger. Hier sind die Frauen eindeutig aktiver, und zwar mit steigendem Alter.

Immer stärker engagieren sich kirchliche Basisgruppen, Priester, Ordensleute und auch kirchliche Würdenträger für Veränderungen. Die Mafia und die Angst vor ihr, Bau- und Bodenspekulation, politischer Filz und Korruption, Umweltzerstörungen, die rasant anwachsende Drogensucht und Kleinkriminalität in den Städten, die Arbeitslosigkeit und der wieder zunehmende Analphabetismus finden auch von hier Antworten.

Mafia

Die ehrenwerten Herren, die Paten und ihre Killer haben fast überall ihre Hände im Spiel, wo es um Macht und Geld geht. Drogen und Prostitution, das Schleusen von Flüchtlingen und Schutzgelderpressung sind der offen kriminelle Teil ihrer Geschäfte. Ein Geflecht von Freundschaften mit Politikern und Beamten bis ganz nach oben öffnet Wege ans große Geld für öffentliche Aufträge und für Subventionen, sorgt für kleine Arbeitsplätze und große Karrieren. Die Mafia ist ein Parallelstaat, dessen Machtinstrumente Korruption, Angst und Mord sind. Wer die *omertà*, die absolute Verschwiegenheit bricht, muss sterben. Tödlich sind auch die inneren Kämpfe, denn die meisten Toten stammen aus den eigenen Reihen, wenn neue Bosse und Familien ihren Anteil am Geschäft erkämpfen.

Die moderne Mafia der Großstädte operiert längst global, vernetzt legale und kriminelle Wirtschaft. Sizilianische Herkunft ist aber ebenso ein Muss wie der sizilianische Dialekt als »Amtssprache«. Im Frühjahr 2003 wurden Söhne amerikanischer Mafiosi nach Westsizilien geschickt, um »Anstand« und »Respekt« zu lernen.

Mutige Menschen, die sich der Mafia entgegenstellen, riskieren immer noch ihr Leben, die Killer werden sogar brutaler, respektieren nicht einmal mehr Kinder. Doch haben zusammen mit Fahndungserfolgen und hohen Strafen ohne Begnadigungen Zusammenhalt und Selbstbewusstsein der Menschen die Mafia geschwächt. Statt für den Rest ihres Lebens schweigend im Gefängnis zu sitzen, packen viele Bosse aus. Ein Stück Hoffnung für die Zukunft sind die beschlagnahmten Ländereien und Betriebe verurteilter Bosse, die an Kooperativen gegeben werden, was auch ein Weg aus der Dauerarbeitslosigkeit auf dem Land ist. Sie produzieren unter dem Markennamen »Libera« Pasta, Öl, Käse und Wein.

Opra dei Pupi

Das Marionettentheater war die Unterhaltung des Volks, bis das Fernsehen kam. Seitdem sind die Geschichten der Paladine Karls des Großen, ihre Kämpfe mit den Sarazenen und die Befreiung der schönen Genoveva mehr und mehr in Vergessenheit geraten. Die Figuren sind aus Holz gefertigt, bis zu einem Meter groß, werden mit Eisenstangen geführt und sind sehr beweglich. Bei den zahlreichen Säbelgefechten auf der Bühne können auch Köpfe und Gliedmaßen rollen.

Sarazenentürme

Die massigen, mal runden, mal quadratischen Türme prägen die Küsten Italiens und auch die Siziliens. Die nordafrikanischen Sarazenen tauchten im 9. Jh. mit ihren Schiffen an allen christlichen Mittelmeerufern auf, plünderten und zerstörten die Küstenorte, töteten die Bevölkerung oder verschleppten sie auf die Sklavenmärkte und drangen bis ins Landesinnere vor. Die gut befestigten Städte dagegen wurden nur selten angegriffen. Die Türme standen untereinander in Sichtkontakt, »telegrafiert« wurde mit Kanonenschüssen oder Feuersignalen.

Umwelt

Umweltzerstörungen sind unübersehbar. Gigantische Industrialisierungsprojekte haben nördlich von Syrakus oder in Gela das Meer zur Kloake werden lassen und Luft und Boden vergiftet. Die ehemals fruchtbare, mit Gärten und Orangenhainen bestandene Conca d'Oro um

STICHWORTE

Palermo ist durch Bauspekulation und Schwarzbauten, Barackensiedlungen und wilde Müllkippen zerstört. Die Schäden durch eine auf lange Strecken irrwitzige Zersiedlung an den Küsten sind kaum noch rückgängig zu machen. Die Entwaldung der Gebirge begann mit den Griechen und führte zu Verkarstung und Bodenerosion, zu Erdrutschen, zum Versiegen von Quellen und zu spürbaren Klimaveränderungen.

Das Meer wird seit Jahrzehnten überfischt. Moderne Fangmethoden mit großen Schiffen und oft kilometerlangen Netzen haben viele Fischarten fast ganz verschwinden lassen. Buchstäblich fünf Minuten vor zwölf ist Umweltbewusstsein entstanden, sind wenigstens drei große Regionalparks (Ätna, Nebrodi und Madonie) und mehr als 50 Naturschutzgebiete unter tatsächlichen Schutz gestellt worden.

Wirtschaft

Sizilien gehört zum unterentwickelten Süden Italiens, der noch heute in großen Zonen fast ausschließlich von der Landwirtschaft lebt. Die Produkte sind Weizen, Wein, Olivenöl, Mandeln und Zitrusfrüchte. In den letzten Jahren sind Früh- und Saisongemüse, Frühkartoffeln und Schnittblumen hinzugekommen. Fast 20 Prozent der Beschäftigten sind in der Landwirtschaft tätig. Die offizielle Arbeitslosenzahl liegt bei 20 Prozent, dürfte aber weitaus höher sein, da Saisonarbeiter, die vielfach nur einige Monate Arbeit haben, darin nicht berücksichtigt werden. Ebenso fehlen die vielen Schüler und Studenten, die oft jahrelang nach einem ersten Beschäftigungsverhältnis suchen. Dafür gibt es einen großen schwarzen Arbeitsmarkt. Das statistische Pro-Kopf-Einkommen liegt bei der Hälfte dessen, was in den Industriegebieten Norditaliens verdient wird.

Siziliens Gassen: Handel und Wandel (fast) wie ehedem

ESSEN & TRINKEN

Viele fremde Köche

Essen wie die sizilianischen Fischer und Hirten – oder von den Speisen der Barone kosten

Vergessen Sie die allbekannte italienische Standardküche mit Spaghetti Bolognese und *frittura*. Siziliens Küche ist anders, ist die Summe der kulinarischen Vorlieben aller fremden Herren und all ihrer Köche, die seit Jahrhunderten in Sizilien heimisch wurden. Jede Kleinregion kocht anders: Fischer und Hirten, Bauern in den fruchtbaren Ebenen und Landarbeiter in den Weiten Innersiziliens haben von Natur aus unterschiedliche Zutaten. Die Küche der Barone birgt in den Schüsseln anderes als die der Dienstboten.

Allen ist die Liebe zu Farbe, zu Kreativität und Phantasie gemein, und scheinbar gewagte Kombinationen von süß, salzig, scharf und sauer werden in der Hand von sizilianischen Köchen und Küchenfeen zur harmonischen Einheit. Frisches Weißbrot, vielfach in orientalischer Tradition mit Sesam bestreut, und *pasta*, die allgegenwärtigen Nudeln, dürfen nie fehlen. Vielleicht wurden die Nudeln in Sizilien erfunden. Der arabische Weltreisende und Geschichtsschreiber Edrisi erwähnt im 12. Jh. Nudelfabriken in Trabia bei Palermo, deren Erzeugnisse nach Neapel und Genua ausgeführt wurden. Mit einem jährlichen Verbrauch von mehr als 100 kg pro Kopf sind die Sizilianer Rekordhalter in Italien. Die übrigen Hauptzutaten der traditionellen sizilianischen Küche sind so bunt wie die Marktauslagen. Meerestiere und Gemüse sind die Hauptsache. Oregano und wilder Fenchel, die in keinem Teil Siziliens fehlen, werden zusammen mit frischer Gartenminze und Basilikum immer reichlich verwendet.

Die Sizilianer essen recht spät, egal ob zu Mittag oder am Abend. Und sie essen gern, besonders im Restaurant; aber auch bei den zahlreichen Picknicks sonntags im Wald, in den Bergen oder am Strand kommt elementare Lebensfreude zum Vorschein. Essen ist Genuss, bedeutet frohe Stunden zusammen mit Freunden. Zum Sattwerden reicht ein gefülltes Brötchen, ein *panino*, oder auch etwas Fettgebackenes, wie die *arancini* genannten Reiskugeln.

Ein Essen im Restaurant können Sie mit dem *antipasto* beginnen, das sich Italiener selten entgehen lassen, jene kleinen Köstlichkeiten, die Auge und Geschmacksnerven anregen. Es besteht aus Meerestieren, Pilzen, Oliven, geschmorten und marinierten Gemüsen, aus lokalem Käse, Schinken und Salami, dazu gibt es eventuell gekühlte Ho-

*Hier gibt es nicht nur Eis:
Die Gelateria bietet auch Getränke und Platz zum Reden*

Sizilianische Spezialitäten

Lassen Sie sich diese Köstlichkeiten gut schmecken!

alici marinate – marinierte Sardellen mit frischer Minze

cannoli – kleine, knusprige Teigröhren mit cremiger Ricottafüllung

caponata – kalt serviertes süßsaures Auberginengemüse mit Tomaten, Oliven, Kapern und Kräutern

cicorie selvatiche – Wildgemüse (Zichorien, Löwenzahn, Rauke, Disteln, Fenchel, Borretsch), meist etwas bitter und herb, gibt es im Winter und Frühling

coniglio al agrodolce – Hauskaninchen, süßsauer mariniert

farsumagru – große Kalbfleischroulade (700–800 g), mit Fleisch, Eiern, Oliven, Brotkrumen und Kräutern gefüllt

insalata di arance – frisch aufgeschnittene Orangen mit milden Zwiebeln und Olivenöl

insalata di mare – Meeresfrüchte in einer leichten Marinade aus Olivenöl und Zitrone

maccheroni alla Norma – hausgemachte Pasta mit frischer Tomatensoße, gebratenen Auberginenscheiben und frischem oder geräuchertem Ricottakäse

maccu di fave – Saubohnenpüree mit Olivenöl und Wildkräutern

olive fritte – mit Knoblauch und Kräutern geschmorte schwarze Oliven

pasta con finocchio e sarde – Nudeln mit wildem Fenchel und frischen Sardinen

peperonata – Gemüsepaprika, im Backofen gegart, mit Öl und Essig mariniert

pesce spada al sammurighiu – Schwertfischsteak mit Soße aus Öl, Zitrone, Knoblauch und Oregano

pesto alla trapanese – Soße aus rohen Tomaten und gestoßenen, angerösteten Mandeln

spaghetti/risotto col nero di seppia – Spaghetti oder Risotto mit Tintenfischen und deren Tinte

tagliatelle con ragù di maiale – Bandnudeln mit Schweineragout, pikant gewürzt

tonno alla marinara – mit Zwiebeln, Oliven, Kapern und Tomaten geschmorter Thunfisch

zuppa di pesce – Fischsuppe mit mindestens vier bis fünf Sorten Fisch, kleinen Tintenfischen und Heuschreckenkrebsen; Muscheln (z. B. *vongole*) und Scampi können, müssen aber nicht drin sein

ESSEN & TRINKEN

nigmelone oder frische Feigen. *Primo piatto*, der erste Gang, ist fast immer ein Nudelgericht, kann aber auch ein Risotto sein oder ein Teller mit *gnocchetti*, den murmelgroßen Kartoffelklößchen, die mit einer leichten Tomatensoße serviert werden. Nordafrikanischen Ursprungs ist der *cuscus alla trapanese*, wobei der gedämpfte Weizengrieß mit einer pikanten Fischsuppe angerichtet wird.

Fischesser können auf Sizilien erfreuliche Entdeckungen machen

Der *secondo piatto* ist das Hauptgericht mit Meerestieren, Fleisch oder Eiern, dazu – separat bestellt – die Beilage *(contorno)* in Gestalt von Salat oder gekochtem Gemüse, das in Sizilien oft kalt gegessen wird. Die Meerenge von Messina und die Nordküste zwischen Cefalù und den Liparischen Inseln sind im Sommer das Schwertfischrevier Italiens. Das magere Fleisch des Schwertfischs wird über Holzkohle gegrillt oder mit süßen Tomaten, Kapern und Kräutern gedünstet. Im Landesinneren bestimmen Lammfleisch, Kaninchen, Huhn und die grobe sizilianische Bratwurst, die *salsiccia* (aus reinem Schweinefleisch mit Fenchelsamen, Pfeffer und etwas Weißwein abgeschmeckt) die Küche.

Sizilianer schließen das Essen immer mit einem Nachtisch ab, normalerweise mit Früchten der Jahreszeit. Den Abschluss eines Festessens hingegen bildet immer ein *dolce* wie Mandelkonfekt – zartcremige Tortenstückchen, oft in Likör getränkt. Die berühmten *martorana*, die Früchte perfekt aus Mandelteig nachbilden, sind eher für das Auge bestimmt.

Der Obstgarten ist in Sizilien das ganze Jahr über reich bestellt, die Region produziert weit über die Hälfte der italienischen Zitronen und Orangen.

Die Sizilianer sehen sich als die Erfinder des Speiseeises. Der Schnee vom Ätna diente noch im 19. Jh. als natürliches Kühlmittel. Unter dicken Strohpackungen wurde er in die Städte gebracht. Man lagerte ihn in Höhlen und Kellern. Fruchteis wird immer aus frischer Frucht hergestellt. Besonders beliebt ist Eis von Walderdbeeren. Die *granita* ist schneeartiges Wassereis, das mit Fruchtmark, Mandelmilch oder Espresso angerührt wird und besonders erfrischend ist.

Siziliens Weinproduktion ist, was Menge und Qualität angeht, beachtlich, wobei sehr viele Kellereien in den letzten Jahren weg von den traditionellen schweren, sehr alkoholreichen zu leichten, aber aromatischen Weinen übergegangen sind. Neben den Weinen ist das wichtigste Getränk der Sizilianer Wasser. Ein Hochgenuss sind die Mandelmilch *(latte di mandorla)* und frisch gepresster Orangen- und Zitronensaft *(spremuta di arancia o di limone)*. Und auf einen Espresso, den *caffè*, schnell eine Bar zu besuchen, dazu ist ein Sizilianer jederzeit bereit.

EINKAUFEN

Majolika oder Marionetten

Noch gibt es eine Auswahl zwischen solider Handwerksarbeit und Massenprodukten

Vom einst bedeutenden sizilianischen Handwerk ist nicht mehr allzu viel geblieben. Die mehr oder weniger industrialisierte Souvenirherstellung hat das echte Kunsthandwerk leider fast aussterben lassen und allen nur möglichen Andenkenkitsch, auch außereuropäischer Produktion, über Sizilien geschwemmt. Berühmt sind vor allem die sizilianischen Marionetten, die aus verschiedenen Materialien gefertigt werden. Die Künstler übertreffen sich gegenseitig im Ausdruck ihrer Figuren. Doch auch hier gibt es natürlich inzwischen Massenproduktionen, zum Beispiel Marionetten der Paladine Karls des Großen in allen Varianten. Ebenso wie ein großer Teil der Keramik, Terrakottafiguren oder die Modelle sizilianischer Karren, sind sie traditionellen Vorbildern nachempfunden, zum Teil handwerklich ganz gut gemacht und recht erschwinglich.

Handwerk in alten und neuen Traditionen auf hohem Niveau muss man suchen, es ist nicht immer leicht zu finden, und es hat seinen Preis. Schnäppchen wird man hier ebenso wenig machen wie in Siziliens Antiquitätengeschäften, sofern sie reell sind.

In der Keramik Siziliens haben sich schon immer Kreativität und Farbenfreude ausgedrückt. Noch gibt es Werke auf hohem und höchstem Niveau in *Caltagirone, Burgio, Sciacca* und *Santo Stefano di Camastra*. Die Korallenverarbeitung, für die einst Trapani im ganzen Mittelmeerraum berühmt war, ist fast verschwunden, nachdem die Korallengründe vor der Küste Westsiziliens völlig geplündert sind und die Korallenwerkstätten von Torre del Greco bei Neapel, die längst schon mit Rohmaterial aus den tropischen Meeren arbeiten, den Großhandel fest im Griff haben. Die Frauen in vielen Dörfern des Landesinneren sticken und häkeln, sie weben Teppiche und Decken noch von Hand.

Italienisches Design und Mode bekommen Sie dort, wo geschmackssichere Sizilianer einkaufen – in den Einkaufsmeilen von *Catania* um die *Via Etnea* und von *Palermo* um die *Via Maqueda*. Und natürlich auch, aber meist viel teurer, in den Boutiquen von *Taormina* und *Lipari*.

Siziliens Marionetten erzählen vom Glanz vergangener Zeiten, von Rittern und Säbelgefechten

Feste, Events und mehr

Die meisten sizilianischen Feste und Feiern sind religiösen Ursprungs

Für die Sizilianer ist die Osterwoche, die *settimana santa*, das wichtigste religiöse Ereignis des Jahrs, das auf vielfältige Weise

Sant'Agata-Fest in Catania

begangen wird. Weitere festliche Höhepunkte im Jahr sind *Mariä Himmelfahrt*, wenn ganz Italien feiert, die *Madonnenwallfahrten* im September und *carnevale*, der Karneval, der in fast allen Orten Siziliens gefeiert wird.

Gesetzliche Feiertage
1. Januar *Neujahrstag;* **6. Januar** *Dreikönigstag;* **Ostermontag;* **25. April** *Jahrestag der Befreiung vom Faschismus;* **1. Mai** *Tag der Arbeit;* **2. Juni** *Gründung der Republik;* **15. August** *Mariä Himmelfahrt;* **1. November** *Allerheiligen;* **8. Dezember** *Mariä Empfängnis;* **25. Dezember** *Weihnachten;* **26. Dezember** *Santo Stefano.*
Jeder Ort und jede Provinz haben je einen weiteren arbeitsfreien Tag.

Feste, Festivals, Veranstaltungen
3.–5. Februar
Sant'Agata in Catania – Prozession der Schutzpatronin vor dem Ätna

Mitte Februar
Mandelblütenfest in Agrigent im Valle dei Templi – Musikkapellen und schöne Mädchen paradieren

Februar/März
Karnevalszüge mit Hunderten Karren und Masken in Sciacca und Acireale

Gründonnerstag
Prozession der Veronikas in Marsala (Mit dem Schleier der hl. Veronika wischte sich der kreuztragende Jesus den Schweiß ab.)

Karfreitag
Büßerprozession in Trapani – Hunderte vermummte Kapuzenmänner ziehen durch die Nacht.
I Giudei in San Fratello – ein burlesk-aggressives Volksfest

Ostern
Teufelstanz in Prizzi – farbigschrille Austreibung des Winters [Insider Tipp]
Prozession und Tänze der Albaner in Piana degli Albanesi

15. Mai–30. Juni
Festival des griechischen Theaters in Syrakus – antike Tragödien dort, wo sie schon vor 2500 Jahren aufgeführt wurden

Juni–September
Orestiadi in Gibellina –Sommerfestival mit Kunst, Musik, Theater

Mitte Juni
Taormina Estate – Sommerfestival im griechisch-römischen Theater
Spettacoli Classici – antikes Schauspiel im Theater von Segesta

10.–15. Juni
Sant'Alfio in Trecastagni – Folklore, Parade sizilianischer Karren

27.–29. Juni
San Paolo e San Sebastiano in Palazzolo Acreide – Prozession der Heiligen, die zur Konfettischlacht zwischen ihren Anhängern wird

11.–15. Juli
U Fistinu in Palermo – Rosalienfest (Palermos Schutzheilige) mit Festkarren, Prozessionen, Jahrmärkten und Platzkonzerten

14. August
Palio dei Normanni in Piazza Armerina – Reiterkämpfe in mittelalterlichen Kostümen

14.–15. August
Mata und Grifone in Messina – meterhohe, von Menschen getragene Figuren sollen an die Befreiung von den Arabern erinnern.

Ende August
Ballo della Cordella in Petralia Sottana – Ringtanz in alten Trachten (Erntedank)

Ende September
Couscous und mediterrane Küche mit Köchen aus Sizilien, dem Orient und Nordafrika in San Vito Lo Capo

13. Dezember
Santa Lucia in Syrakus – Prozession und Lichterfest

Beim Palio in Piazza Armerina

DER NORDOSTEN

Überlebensgroß der Ätna

Sizilien geballt: Gipfel, Schluchten, Strände und ein buntes urbanes Leben

Unmittelbar hinter einem schmalen Küstensaum steigen die Berge der Peloritani-Kette auf, deren Kamm vielfach noch von dichten Wäldern bedeckt ist. Die tieferen Lagen und die kurzen, steilen Schluchten sind dicht besiedeltes Gartenland. Längs der Küste reiht sich ein Ort an den anderen. Im Norden vorgelagert sind die sieben Liparischen Inseln, die vulkanischen Ursprungs sind. Südlich der Alcantara-Mündung erhebt sich der Ätna, Europas mächtigster Vulkan, der alle Klima- und Vegetationsstufen Siziliens umfasst. Bis in mittlere Lagen ist der Boden hier sehr fruchtbar. Trotz aller vulkanischen Katastrophen ist die Besiedlung dicht. Großartige Natur wie der Ätna und die wenig bekannten Nebrodi-Berge, Kunst und Archäologie, Strände in landschaftlicher Vielfalt, alles liegt dicht beisammen. Trotz der Bekanntheit der Region bieten sich viele Möglichkeiten für Entdeckungen, sogar im unmittelbaren Hinterland prominenter und viel besuchter Ferienorte wie Acireale oder Taormina.

Die Piazza prägt das urbane Leben auf Sizilien – wie hier in Taormina am Fuß des Ätna

Ein lauschiges Plätzchen auf dem Domplatz von Catania

ACIREALE

[127 E1] Acireale (48 000 Ew.) liegt mit seinen kleinen Nachbarorten auf einer hohen Lavaterrasse über dem Ionischen Meer, eingebettet in endlose Zitronengärten, deren metallisch grünes Blätterdach von hohen Palmen überragt wird. Dem Zitronenhandel, aber noch mehr seinen seit der Antike genutzten Heilquellen verdankt die grazile Barockstadt ihren Reichtum. Prachtvolle Fassaden bestimmen das Bild der Hauptstraßen und der Plätze, Parks und Villen liegen am Rand der Stadt. Am Vormittag und am Abend sollten Sie das urbane Leben auf den drei ineinander übergehenden Hauptplätzen genießen, den Anblick des Rathauses und der Ba-

ACIREALE

rockkirchen. In den Straßen dahinter gibt es vormittags einen schönen Straßenmarkt.

ESSEN & TRINKEN

La Grotta
Feines Fischlokal in einer Höhle im kleinen Fischerort Santa Maria La Scala. *Tgl., Via Scalo Grande, Tel. 09 57 64 81 53, €€– €€€*

ÜBERNACHTEN

Acireale und die kleinen Küstenorte im Umkreis sind stark auf Kongresse und Gruppentourismus eingestellt. Familiäre Hotels finden Sie dagegen in den Dörfern der mittleren Hanglagen des Ätna.

Agriturismo Il Limoneto
In Scillichenti über der Steilküste gelegen mit Garten und Blick auf Meer und Ätna. *3 Ferienwohnungen, Strada Prov. Acireale–Riposto, Tel./Fax 095 88 65 68, www.illi moeto.it, €*

Maugeri
Ordentliches Hotel mit guter Küche, im Zentrum. *44 Zi., Piazza Garibaldi 27, Tel. 095 60 86 66, Fax 095 60 87 28, www.hotel-maugeri.it, €€€*

STRÄNDE

Fels- und Steinküste überwiegt, es gibt nur einige winzige Sandstrände. Die Hauptbadeorte sind die Fischerdörfer *Santa Tecla* und *Santa Maria La Scala* **[129 E5]**.

AM ABEND

In Acireale hat das Marionettentheater lange Tradition. Wann und wo Aufführungen stattfinden, erfahren Sie über das Fremdenverkehrsamt.

AUSKUNFT

AAST
Via Oreste Scionti 15, Tel. 09 58 91 21 29, Fax 095 89 31 34, www.acirealeturismo.it

ZIELE IN DER UMGEBUNG

Sant'Alfio **[127 E1]**
Das Bergdorf am Ätnahang, 23 km nördlich von Acireale, liegt im Grünen, es ist bekannt für seine Kirschen. An der Straße nach Milo steht Siziliens größter Baum, der *Centocavalli,* eine auf 1200 Jahre geschätzte Edelkastanie, unter deren Blätterdach früher arme Familien ihre Hütten aufschlugen.

Im Restaurant der nahen *Azienda Agrituristica Cirasella (3 Apt., Tel. 095 96 80 00, www.cirasella. it, €)* können Sie im Schatten hoher Bäume gut essen.

Zafferana Etnea **[127 D1]**
Das Dorf liegt 21 km von Acireale entfernt unterhalb des mächtigen Vulkantals Valle del Bove in Gärten und Kastanienwäldern und ist als Ferienort wegen des gesunden Klimas und der guten Küche beliebt. Es ist ein wichtiger Ausgangspunkte für Ausflüge auf den Vulkan: Zum Rifugio Sapienza sind es 18 km, zum Piano Provenzana 20 km.

Das *Caffè Donna Peppina* an der zentralen Piazza Umberto ist bekannt für sein Gebäck und die Törtchen. Wer es weniger süß mag, bekommt dort mit Käse, Sardellen und Oliven gefüllte Blätterteigtaschen. Die angenehm familiären Mittelklassehotels *Primavera dell'*

DER NORDOSTEN

Etna (57 Zi., Tel. 09 57 08 23 48, Fax 09 57 08 16 95, www.hotel-primavera.it, €€), das mitten in einem alten Olivenhain liegt, und *Airone (62 Zi., Tel. 09 57 08 18 19, Fax 09 57 08 21 42, www.hotel-airone.it, €€–€€€)* mit sehr schöner Aussicht liegen oberhalb des Orts an der Straße zum Rifugio Sapienza, beide mit sehr guter bodenständiger Küche.

CATANIA

Karte in der hinteren Umschlagklappe

[127 D2] Gerade durchzieht die *Via Etnea* Catania (380 000 Ew.) vom alten Hafen über den Domplatz, wo die andere Hauptachse, die *Via Vittorio Emanuele,* kreuzt. Schließlich mündet sie in den Vororten in die Straße nach Nicolosi und zum Ätna ein, dessen Hauptgipfel keine 35 km von der Stadt entfernt liegen. Die auch in den letzten Jahren aktiven Krater liegen jedoch viel näher an Catania, das mehrfach von der Lava überflutet wurde. Vor 300 Jahren hat eine Lavazunge den damaligen Hafen aufgefüllt, kurz vor dem *Castello Ursino* kam sie zum Stehen.

Vernichtender in der Geschichte Catanias waren aber immer die vom Vulkan ausgelösten Erdbeben. Dem letzten, 1693, verdankt die Stadt ihre Architektur aus einem Guss in tiefschwarzem Lavabarock. Den weiß abgesetzten Kalkstein und Putz haben Industrie und Autos mit ihrem Ruß geschwärzt.

SEHENSWERTES

Dom Sant' Agata
Der Schutzpatronin der Stadt, der heiligen Agata, geweiht, deren Reliquien hier aufbewahrt werden, ist der Dom nach 1693 auf dem Grundriss einer normannischen Vorgängerkirche errichtet worden, von der nur Teile des Querhauses und die Chorapsiden stehen geblieben waren. In der Sakristei befindet

---

MARCO POLO Highlights
»Der Nordosten«

★ **Alcantara-Schlucht**
Grandioser Flussdurchbruch
(Seite 40)

★ **Ferrovia Circumetnea**
Ätna-Rundfahrt mit der schmalspurigen Kleinbahn FCE von Catania aus
(Seite 34)

★ **Fischmarkt**
Der schönste Markt Siziliens in Catania (Seite 31)

★ **Tindari**
Blick auf die Sandbänke und die Liparischen Inseln
(Seite 38)

★ **Ätna**
Der größte aktive Vulkan Europas (Seite 32)

★ **Teatro Greco-Romano**
Ein Traumblick auf Ätna und Meer bei Taormina
(Seite 39)

CATANIA

sich ein Fresko, das den Ausbruch des Ätna von 1669 darstellt.

Piazza Duomo
Der Domplatz mit dem schwarzen Lavaelefanten ist das vitale Zentrum der Stadt, hier beginnen die Haupteinkaufsstraßen. Zum Fischmarkt an der Porta Uzeda sind es nur wenige Schritte, und um den Platz stehen die riesigen Barockpaläste der Nobilität und der hohen Geistlichkeit.

San Nicolò
🏃 Die größte Barockkirche Siziliens liegt oberhalb der Altstadt in einem ruhigen barocken Wohnviertel auf einem Hügel. Die Kirche und das angeschlossene Kloster (Universität) sind, obwohl nie fertig gestellt, ein Musterbeispiel für den verspielten und gleichzeitig repräsentativen Barockstil der Ätnaregion.

Teatro Bellini
Der Prachtbau ist mit Stuck, Gold, rotem Samt und großflächigen Historienmalereien ausgestattet und wurde 1890 mit der Bellini-Oper »Norma« eingeweiht.

Via Crociferi
🏃 Die ruhige Palast- und Kirchenstraße verläuft parallel zur Via Etnea auf halber Höhe und führt, vorbei an Villen mit kleinen Parks, zur Universität.

Villa Bellini
🚸 Der Park liegt in den Gründerzeitvierteln des 19. Jhs. Er ist dem aus Catania stammenden Opernkomponisten Vincenzo Bellini gewidmet. Man kann die im Park aufgestellten Büsten bedeutender Sizilianer betrachten, außerdem gibt es einen Musikpavillon des Jugendstils sowie einen Aussichtshügel.

MUSEUM

Castello Ursino
Das ganz aus schwarzen Lavaquadern errichtete Kastell mit seinen vier massigen Ecktürmen ist Catanias einziger Bau aus dem Mittelalter. Das Kastell wurde 1669 von den Lavamassen umflossen. Heute beherbergt es das *Museo Civico* mit Antikensammlung, Gemäldegalerie, Waffen- und Keramiksammlung, außerdem eine interessante Sammlung von Gemälden und Stichen lokaler Künstler mit Ansichten des Ätna. Die Räume und der Innenhof geben ein anschauliches Bild einer mittelalterlichen Stadtburg. *Di–Sa 9–13 u. 15–18, So 9–12 Uhr, Piazza Federico di Svevia, 5 Min. südlich der Piazza Duomo, Eintritt frei*

ESSEN & TRINKEN

Die Küche Catanias vereinigt die sizilianische Meeresküche mit vielen bunten Gemüseplatten und Käse und Pilzen vom Ätna. Berühmt ist das Fruchteis, das Sie in der Via Etnea in den großen Konditoreien serviert bekommen.

Cantine del Cugno Mezzano *Inside Tipp*
Zwischen Piazza Duomo und Hafen, im Weinkeller und Hof des barocken Palazzo Biscari gelegen. Hier gibt es Köstlichkeiten der alten Landküche. *So geschl., Via Museo Bicari 8, Tel. 09 57 15 87 10, €€*

Trattoria del Cavaliere
In der Altstadt mit bodenständiger Meeresküche, viel Auswahl am

DER NORDOSTEN

Buffet. *Mi geschl., Via Paternò 11, Tel. 095 31 04 91,* €€

Etoile d'Or
Schicke, immer gesteckt volle Bar mit interessantem Publikum, deren *tavola calda* eine Riesenauswahl bietet. In den Arkaden am Markt. *So geschl., Via Dusmet,* €

Metrò
Feine Fischgerichte und vorzügliche *dolci,* Tische im Saal und im Freien. *So geschl., Via Crociferi 76, Tel. 095 32 20 98,* €€

Osteria Antica Marina
Mitten im Pescheria-Viertel, wo vormittags der Markt brodelt. Alle Arten Meerestiere. *Mi geschl., Via Pardo 29, Tel. 095 34 81 97,* €€

EINKAUFEN

Catania hat das übliche Warenangebot einer süditalienischen Großstadt. Für einen Spaziergang über den ★ *Fischmarkt* an der *Porta Uzeda* im Pescheria-Viertel sollten Sie sich unbedingt ausreichend Zeit nehmen: Er ist Siziliens schönster und vitalster Markt, auf dem es nicht nur Fisch, sondern sämtliche Lebensmittel gibt. Denken Sie allerdings im Rausch von Farben, Gerüchen und Geschrei auch daran, dass gerade auf Märkten wegen des Gedränges gern Taschendiebe arbeiten.

ÜBERNACHTEN

Die teuren Stadthotels sind den billigen, oft verkommen wirkenden Bleiben vorzuziehen. Einen gewissen Lärmpegel muss man nicht überall, aber doch in den meisten Hotels aushalten.

Ostello Agorà
🏃 Mitten im Pescheria-Viertel ist die Jugendherberge in einem alten

Geflügel und Gemüse, Fisch und Fleisch: Markt an der Porta Uzeda

CATANIA

Bürgerhaus untergebracht. Mit Trattoria, rund um die Uhr offen. *63 Betten, Piazza Currò 9, Tel. 095 723 30 10, Fax 095 34 90 29, www.agorahostel.com, €*

Savona
Zentral und trotzdem ruhig gelegen, nur wenige Schritte von der Piazza Duomo entfernt. Die einfachen Zimmer sind groß und sauber. *25 Zi., Via Emanuele 210, Tel. 095 32 69 82, Fax 09 57 15 81 69, www.hotelsavona.it, €€€*

Villa Paradiso
Stilecht ausgestattete Jugendstilvilla in großem Garten mit Pool, Blick auf die Stadt, Privatstrand am Meer. *34 Zi., in San Giovanni della Punta an der Straße nach Viagrande/Ätna (8 km), Tel. 09 57 51 24 09, Fax 09 57 41 38 61, www.paradiso etna.it, €€€*

AM ABEND

Man trifft sich zur *passeggiata* auf der *Via Etnea* zwischen deren beiden Hauptplätzen, der Piazza Duomo und der Piazza Stesicoro. Im Sommer verlagert sich das Abendleben mehr in den Vorort *Ognina* am Meer, wo sich die schicken Abendrestaurants und die Diskos konzentrieren.

Opernsaison im *Teatro Bellini* ist im Winterhalbjahr. *(Okt.–April)*

AUSKUNFT

APT
Via Cimarosa 10, Tel. 09 57 30 62 33, 09 57 30 62 22, Fax 095 31 64 07, www.apt.catania.it; weitere Informationsbüros im Bahnhof und am Flughafen

ZIELE IN DER UMGEBUNG

Ätna [127 D1]
★ 33 km von Catania entfernt liegt Europas größter Vulkan. Der Ätna (3369 m) ist der Herrscher Siziliens, bei klarem Wetter ist er auch von Westsizilien aus zu sehen. Von seiner Innersizilien zugekehrten Seite zeigt er sich als kahler Riese, gelb verbrannt. Nur im Frühjahr wird er hellgrün vom frischen Gras; seine Schneekappe taut aber auch im Sommer nicht immer ab.

Für die Ätna-Südseite sind *Nicolosi*, *Trecastagni* und *Zafferana Etnea* die besten Ausgangsorte. Von dort sind es noch 20 km bis *Rifugio Sapienza* (1881 m), wo die Asphaltstraßen und auch die Buslinie von Catania und Nicolosi enden *(Abfahrt Catania/Bahnhofsplatz tgl. 8 Uhr, Nicolosi 9 Uhr, Rückfahrt ab Rifugio Sapienza 16 Uhr)*. Das *Rifugio Sapienza (25 Zi., Tel./Fax 095 91 10 62, €)* wurde 2002 von der Lava stark beschädigt und ist nun renoviert. 500 m weiter gelegen und komfortabler: das Hotel *Corsaro (20 Zi., Tel. 09 57 80 99 02, Fax 09 57 80 10 24, www.hotelcorsaro. it, €€)*. Hier beginnt die Seilbahn, deren Bergstation auf 2500 m liegt. Auf den Pisten verkehren geländegängige Kleinbusse bis *Torre del Filosofo (2919 m)*, Hin- und Rückfahrt mit Führung kosten 42,50 Euro.

Führer in die Gipfelregion finden Sie an der Talstation der Seilbahn, Wegmarkierungen gibt es nicht. Touren auf eigene Faust sind nur bis Torre del Filosofo erlaubt und gefährlich, besonders bei Ausbrüchen und plötzlich aufziehendem Nebel. Flüssige Lava hat Temperaturen von 800 bis 1500 Grad!

DER NORDOSTEN

Über 80 Ausbrüche sind bekannt: der Feuer spuckende Ätna

Vulkanbomben fliegen mit Überschallgeschwindigkeit und wiegen von 5 kg bis über 1000 kg. Ihre Nahaufnahmen machen Sie besser mit dem Tele. Die Absperrungen sollen Sie nicht von Urlaubserlebnissen mit Nervenkitzel abhalten, sondern Sie und Ihre Retter vor lebensgefährlichen Situationen bewahren.

Die Ausbrüche seit 2001 waren die schwersten seit Jahrzehnten. Sie haben nicht nur die weit oben liegende Landschaft völlig verändert. Die Lava floss bis weit hinunter in dicht besiedelte Gebiete und kam erst wenige Kilometer vor Nicolosi, Pedara, Zafferana und Milo zum Stehen, zerstörte Häuser, Straßen, Wälder und Felder. *Piano Provenzana* und *Rifugio Sapienza* sind die beiden Hauptausgangspunkte für Touren auf den Vulkangipfel. Informieren Sie sich vorher beim *Büro der Bergführer* in Nicolosi *(Tel. 09 57 97 14 55)* oder Linguaglossa *(Tel. 095 64 30 94)* und bei der *Ätnaseilbahn (Tel. 095 91 41 41).* Aktuelle Informationen über die Ätnaregion finden Sie im Internet unter *www.ct.ingv.it, www.educeth.ch/stromboli/etna/index-de.html* und *www.siciltrek.ch.* Unbedingt Winterkleidung und Bergschuhe anziehen! Wandersaison ist von Mitte Mai bis Ende Oktober.

Auf dem Weg zu den Gipfelkratern sehen Sie breite, frische Lavafelder, die sich über den Wald, die Felder und Gärten ergossen haben. Nach wenigen Jahren der Verwitterung verändert sich die Oberfläche der Lava von Tiefschwarz zu mattem Grau, die ersten Pionierpflanzen wurzeln. Nach 20 Jahren breitet sich der Ginster aus, dessen gelbe Blütenmeere im Frühsommer zusammen mit der schwarzen Erde die Hauptfarben des Vulkanbereichs sind. Wälder, meist aus Bergkiefern und Edelkastanien, herrschen vor, und oberhalb von 1800 m beginnt die Zone, in der sich inmitten der vulkanischen Wüste nur noch flache Polster von Sträuchern oder Kräutern behaupten können.

Nicolosi ist im Süden Basisort für Exkursionen. 1 km oberhalb des

LINGUAGLOSSA

Insider Tipp Orts gibt es in der *Pineta der Monti Rossi* (Krater von 1669) gekennzeichnete Wanderwege. Auskunft über Straßenverhältnisse, Seilbahn, Schutzhütten, geführte Wanderungen: *SITAS (Piazza Vittorio Emanuele 45, Tel. 095 91 11 58, www.funiviaetna.com); AAST (Via Garibaldi 63, Tel. 095 91 15 05, Fax 09 57 91 45 75, www.aast-nicolosi.it). Büro des Ätna-Naturparks: Via Etnea 107, Tel. 095 82 11 11, Fax 095 91 47 38, www.prg.it/parco delletna.* Unterkunft: *Jugendherberge (Ostello), 24 Betten, Via della Quercia 15, Tel. 09 57 91 46 86, Fax 09 57 91 47 01*

Ferrovia Circumetnea

★ Die schmalspurige Kleinbahn führt von Catania auf der Ätna-Rückseite nach *Randazzo* **[124 C5]** und von dort über *Linguaglossa* nach *Giarre* **[127 E1]** am Ionischen Meer. *www.circumetnea.it*

LINGUAGLOSSA

[125 D6] Das Dorf (5500 Ew.) liegt inmitten üppiger Weingärten und Haselnusshaine auf einer Lavazunge. Wie in anderen Ätna-Dörfern prägt der Barock das Ortsbild. In der Hauptkirche befindet sich ein wertvoller Altar aus Kirschholz. Hier beginnt die Panoramastraße ↙ *Mareneve*, die Nord- und Südseite des Vulkans verbindet.

MUSEUM

Im Gebäude des Fremdenverkehrsamts *Pro Loco* ist ein kleines Museum über die Natur und Vulkanologie des Ätna untergebracht. *Vormittags geöffnet, Eintritt frei*

ÜBERNACHTEN

Agriturismo L'Antica Vigna

Weingut mit ruhigen Zimmern und guter Küche, Direktverkauf. *10 Zi., an der Straße nach Randazzo in Montelaguardia, Tel. 095 92 40 03 u. 330 58 76 21, €€*

Brunek

Hütte des italienischen Alpenvereins mit nur fünf Zimmern, Treff von Bergwanderern aus aller Welt, einziges Quartier am Piano Provenzana. *Tel. 095 64 30 15, €€*

Happy Day

Familiäres Mittelklassehotel am Rand des Orts. *13 Zi., Via Mareneve 9, Tel. 095 64 34 84, Fax 09 57 77 44 72, €€*

FREIZEIT & SPORT

Piano Provenzana auf 1810 m **[124 C6]** ist das wichtigste Wintersportgebiet auf dem Ätna und und Ausgangspunkt für Jeeptouren Richtung Gipfel *(Tel. 095 30 96 48, www.etnadiscovery.com)*. Hier endet die 20 km lange Straße *Mareneve* (»Meer und Schnee«). Im Herbst 2002 wurde die Hochebene mit den Hotels, Hütten, Seilbahnen, den Kiefern- und Birkenwäldern von glühenden Lavamassen begraben. Die erstarrten schwarzen Ströme sind mehr als eindrucksvoll, ebenso die Vitalität der Natur unmittelbar neben der Todeszone. Gipfeltouren zu Fuß und mit dem Mountainbike sollten nur sehr erfahrene Tourer machen, die sich zuvor vor Ort mit lokalen Bergführern in Verbindung gesetzt haben.

Von der tiefer gelegenen *Pineta di Ragabò* sind leichte und schöne

DER NORDOSTEN

Mützen und Hüte

Die Kopfbedeckung als soziales Kennzeichen

Auf dem Land ist in Sizilien die Wahl des Sonnenschutzes auf männlichen Köpfen nicht dem Zufall überlassen. Die Art der Kopfbedeckung zeigt soziale Stellung und Herkunft an. Träger von Schirmmützen sind Pächter, Landarbeiter oder Hirten; Letztere tragen meist das knappere Modell. Steife Hüte mit breiter Krempe, wie sie uns aus älteren amerikanischen Filmen bekannt sind, gehören dem ländlichen Bürgertum von Ladenbesitzern, Apothekern und Grundbesitzern, während das Hütchen mit der knappen Krempe ein Import älterer Gastarbeiter aus Deutschland ist, die es auf den Köpfen ihrer deutschen Kollegen kennen lernten.

Wanderungen auf markierten Wegen zu zahlreichen Zielen in mittleren Lagen des Ätna möglich. Unterkunft und Essen in der Schutzhütte *Rifugio di Ragabò*, *(6 Zi., Tel. 095 64 78 41, wwwragabo.it, €€)*, auch geführte Wanderungen, Jeeptouren und Höhlenexkursionen.

AUSKUNFT

Pro Loco
Büro an der Piazza Annunziata, Tel./Fax 095 64 30 94, www.prolocolinguaglossa.it

MESSINA

[125 E4] Für die meisten Sizilienreisenden ist Messina (240 000 Ew.) das Tor zu Sizilien. Die Stadt ist modern, sie hat breite und gerade Straßen. Sie ist voll geschäftigen Lebens, schon am Bahnhof und an den Fähranlegern, noch mehr aber in den Hauptgeschäftsstraßen, der *Via San Martino*, der baumbestandenen *Piazza Cairoli* und der *Via Garibaldi*. Etwas abseits liegt das alte Herz von Messina um die *Piazza Duomo*. Auch hier wie sonst in Messina steht kaum ein Stein länger als seit 1908 auf dem anderen, als wieder einmal ein schweres Erdbeben beide Seiten der Meerenge verwüstete. Die Stadt entstand wieder neu aus den Trümmern.

Messina ist das aktivste Handelszentrum der Insel, aber eine Stadt zum Verweilen ist es nicht. Statt Promenaden am Meer gibt es dort Hafenanlagen, Rangierbahnhöfe und breite Schnellstraßen, über die sich Tag und Nacht der Fernverkehr wälzt.

SEHENSWERTES

Dom
Zuerst 1197 im normannischen Stil errichtet, dann nach dem Erdbeben von 1908 und nach Bombardements im Krieg 1943 vollkommen wiederhergestellt. Im Glockenturm eine astronomische Uhr aus Straßburg (1933), die mittags eine Figu-

MESSINA

Im Dom: bunt bemalter Dachstuhl und grafische Fußbodenmosaiken

renparade zeigt. Der *Orionsbrunnen* auf dem Domplatz ist ein Werk der Florentiner Renaissance.

Neptunsbrunnen
An der Uferstraße steht der Neptunsbrunnen in einem kleinen Park mit Palmen und Blick über den *Stretto*. Dort ist auch das *Aquarium* untergebracht, das Fische des Mittelmeers und der Meerenge zeigt.

Santissima Annunziata dei Catalani
Messinas einziges Bauwerk aus dem Mittelalter. Die Kirche wurde unter normannischer Herrschaft im 12. und 13. Jh. nach byzantinischen Vorbildern errichtet, mit Kuppeln und viel Ziermauerwerk.

MUSEUM

Museo Regionale
Das Museum enthält eine Gemäldegalerie, es zeigt archäologische Ausstellungen, Kleinkunst und Majolika. Zu den wertvollsten Objekten gehören ein Altarbild des Sizilianers Antonello Da Messina und zwei Bilder Caravaggios. *Straße nach Punta del Faro, Di–Sa 9–13.30 Uhr, Di, Do, Sa auch 15–18.30, So 9–12.30 Uhr, Eintritt 4,50 Euro*

ESSEN & TRINKEN

Al Padrino
Lebhafte Trattoria im Zentrum mit der schmackhaften Küche der einfachen Leute: viel Gemüse, Nudeln und Fisch. *So geschl., Via Santa Cecilia 54, Tel. 09 02 92 10 00, €*

Le Due Sorelle
Insider Tipp
Klein, mit kreativer Mittelmeerküche, großes Weinangebot. *Mo geschl., Piazza Municipio 4, Tel 09 04 47 20, €€*

Piero
In diesem Fischlokal wird Ihnen die messinesische Meeresküche in aller Vielfalt serviert: Meeresfrüchte, Sardellen, Schwertfisch und Stockfisch. *So geschl., Via Ghibellina 121, Tel. 090 71 83 65, €€€*

ÜBERNACHTEN

Jolly dello Stretto
Am oberen Ende des Hafens mit schöner Aussicht. *96 Zi., Via*

DER NORDOSTEN

Garibaldi 126, Tel. 090 36 38 60, Fax 09 05 90 25 26, www.jollyhotels.it, €€–€€€

Panoramic
Einfaches Familienhotel oberhalb der Stadt. Gute Küche, Blick auf die Meerenge. *12 Zi., Loc. Colle San Rizzo, Tel. 090 34 02 28, Fax 09 04 25 20, panoramic@iol.it, €–€€*

AUSKUNFT

AAST
Piazza Cairoli 45, Tel. 09 02 93 52 92, Fax 090 69 47 80, www.azienturismomessina.it

APT
Via Calabria, Is. 301 (Bahnhof), Tel. 090 67 42 36, Fax 09 06 41 10 47

ZIEL IN DER UMGEBUNG

Punta del Faro   [125 F1]
Eine 15 km lange Fahrt längs der Küste geht zur Nordostspitze Siziliens, zu Skylla und Charybdis – »Scilla e Cariddi«, den in der Odysseus-Sage zu Ungeheuern personifizierten Strudeln und Untiefen, die für die Seefahrt im *Stretto* gefährlich waren. Ab Frühjahr ziehen hier die Schwertfische ins Ionische Meer; ihnen folgen die Fangboote, auf deren bis zu 20 m langen Auslegern die Harpuniere lauern. An die Feriensiedlung um die beiden für ihre Muschelzucht berühmten Lagunenteiche schließt sich entlang der Nordküste ein teilweise stark zersiedelter Sandstrand von 10 km Länge an. In *Ganzirri* gibt es zum Blick auf die Meerenge Muscheln und Fisch in der *Trattoria Napoletana (Mi geschl., Tel. 090 39 10 32, €–€€)*.

MILAZZO

[125 D4] Die Stadt (30 000 Ew.) liegt am Beginn der 6 km langen, schmalen Halbinsel, die im Bereich des Capo Milazzo unter der Steilküste gute Badestrände besitzt. Oberhalb des Fährhafens für die Schiffe zu den Äolischen Inseln und nach Neapel liegt die halb verlassene, durch einen mächtigen Mauerring umschlossene *Altstadt* mit dem spanischen Kastell, dem barocken Dom und dem Kloster San Francesco di Paolo. Auskunft: *AAST, Piazza Duilio 20, Tel. 09 09 22 28 65, Fax 09 09 22 27 90, www.aastmilazzo.it*

ESSEN & TRINKEN

Piccolo Casale
In der Altstadt gelegen, mit frischer kreativer Meeresküche. *Mo geschl., Via Ricardo d'Amico 12, Tel. 09 09 22 44 79, €€–€€€*

Salamone a Mare
Elegantes Ausgehlokal an der Panoramastraße zum Capo Milazzo. Gute, kreative Meeresküche und ein sehr zuvorkommender Service. *Mo geschl., Via Panoramica, Tel. 09 09 28 12 33, €€€*

ÜBERNACHTEN

California
Einfaches Hotel, mitten in der Altstadt, ruhige Zimmer. *12 Zi., Via del Sole 9, Tel. 09 09 22 13 89, €*

Ostello delle Aquile
Die Jugendherberge finden Sie in dem 15 km entfernten Bergdorf *Castroreale. April–Okt., 40 Betten,*

TAORMINA

Tel./Fax 09 09 74 66 73, Bahnstation Barcellona, weiter mit dem Bus

ZIELE IN DER UMGEBUNG

**San Fratello und
die Nebrodi-Berge** [124 B5]

In Sant'Agata di Militello zweigt die Passstraße nach *Cesarò* ab, die ins Herz des ca. 100 km von Milazzo entfernt liegenden *Regionalparks Nebrodi* führt, dessen 1500 bis 1800 m hohe Bergkette teils von ausgedehnten Weiden, teils von dichten Buchenwäldern bedeckt ist. *San Fratello* ist ein typisches Bergdorf, das in ganz Sizilien für seine Pferdezucht berühmt ist.

Für Wanderungen in den Bergen bietet am Pass das kleine Berghotel *Villa Miraglia* (6 Zi., Tel. 09 57 73 21 33, €–€€) mitten im Wald Unterkunft und gutes Essen nach Hirtenart. Eine Asphaltstraße führt bis zum Gipfel des *Monte Soro* (1847 m) mit Blick zum Ätna und den Äolischen Inseln.

Insider Tipp

Tindari [124 C4]

★ Der Felsen von Tyndaris, 30 km westlich von Milazzo, ist ein unübersehbares Kennzeichen der Nordküste. Unter dem 260 m hohen Steilabfall des Kaps breiten sich die Sandbänke mit ihren Meerwasserseen aus. Das schwarze Madonnenbild in der *Wallfahrtskirche* ist Ziel von Gläubigen aus ganz Sizilien. Vom Platz vor dem Heiligtum hat man den Blick in die Tiefe zu den Sandbänken und in die Weite zu den Äolischen Inseln. Ebenfalls auf dem Plateau liegt das *antike Tyndaris (Eintritt 2 Euro)* mit einem gut erhaltenen Theater, der Basilika und Teilen der Stadtmauer.

Unterkunft und Essen im *Agriturismo Santa Margherita (7 Zi.,* Tel. 094 13 97 03, Fax 09 41 30 12 37, www.agriturismosantamargherita. com, €€) mit Garten über der Küste. Reiten, Mountainbikeverleih.

TAORMINA

Karte in der hinteren Umschlagklappe

[125 D6] Auf einem Sporn der Peloritani-Berge hoch über dem Meer mit einem unvergleichlichen Blick zum Ätna liegt der bekannteste und wohl besuchteste Ferienort Siziliens (7000 Ew.). Der Stadtkern ist umgeben von einem Kranz von Villen und Hotels aus dem 19. und 20. Jh. Zu beiden Seiten des *Corso Umberto* zwischen den beiden Stadttoren Porta Messina und Porta Catania blieb das mittelalterliche Stadtbild bewahrt: zinnengekrönte Paläste, Gassen und kleine Plätze, die meist durch Treppenwege verbunden sind. Taormina, dessen Peripherie schwer unter dem Straßenverkehr leidet, ist im Inneren eine Oase, wo man sitzt und flaniert. Ein Treff zu allen Tageszeiten ist auf halber Strecke des Corso die *Piazza IX Aprile* mit dem Tor ins Innere der Altstadt, dem berühmten *Café Wunderbar* und dem großartigsten Blick auf Ätna und Küste.

SEHENSWERTES

Dom

Der Dom hat eine Zinnenfassade aus der Normannenzeit. Das Innere ist einfach, schlicht. Auf dem Vorplatz steht der *Barockbrunnen mit der Zentaurin*, das Wahrzeichen von Taormina.

DER NORDOSTEN

Palazzo Corvaia
Der Palazzo ist einer der zierlichen Adelspaläste aus der Normannenzeit und gehört zu den besterhaltenen dieser Epoche. Im Inneren, das besichtigt werden kann, befindet sich das Fremdenverkehrsamt.

Teatro Greco-Romano
★ ❄ Den wohl beeindruckendsten Blick auf die Küste und den gar nicht fernen Vulkanriesen genießen Sie vom Halbrund des antiken Theaters aus, dessen Kulissenbauten heute weitgehend offen sind. Es ist in den natürlichen Stein gehauen und dient im Sommer klassischen Theater- und Musikdarbietungen. *Tgl. 9–19 Uhr, Eintritt 4,50 Euro*

ESSEN & TRINKEN

Insider Tipp **Casa Grugno**
Kochphantasien in einem klaren Raum im Inneren eines gotischen Palasts schön und kreativ auf den Tisch gebracht. Gartenterrasse. *Mi geschl., Via Santa Maria de'Greci, Tel. 094 22 12 08, €€€*

Nino *Insider Tipp*
Vorzügliche Meeresküche von den Antipasti über die Nudeln mit Meeresfrüchten bis zu den Hauptgerichten mit tagesfrischem Fisch. *Di geschl., Am Strand von Letoianni (7 km nördlich), Via Rizzo 29, Tel. 094 23 61 47, €€*

Porta Messina
Am alten Stadttor gibt es gut und preiswert Pizza, Pasta, Muscheln und Fisch aus der Pfanne. *Mi geschl., Largo Giove Serapide, Tel. 094 22 32 05, € – €€*

EINKAUFEN

Auf dem *Corso Umberto* gibt es alles: Ramsch und importierten Touristenkitsch, gutes Kunsthandwerk und echte Antiquitäten.

Der Ätna ist die Kulisse des Teatro Greco-Romano in Taormina

TAORMINA

ÜBERNACHTEN

Grandhotel Timeo e Villa Flora
Die prachtvolle Gartenvilla ist das erste Haus in Taormina und Sizilien. *70 Zi., Via Teatro Greco 59, Tel. 094 22 38 01, Fax 09 42 62 85 01, www.framon-hotels.com, €€€*

Isabella
Direkt am Corso, Zimmer zum Teil mit Blick zur Küste. *29 Zi., Corso Umberto 58, Tel. 094 22 31 53, Fax 094 22 31 55, www.gaishotels.com, €€*

Ostello Odyssey
Jugendherberge mit 5 Vier-Bett-Zimmern in modernem Viertel. *Via G. Martino/Fontana Vecchia, Tel. 094 22 45 33 u. 333 87 46 89 73, www.taorminaodyssey.com*

Villa Ducale (Insider Tipp)
Eine stilvoll eingerichtete Villa mit Garten und großer Terrasse. *9 Zi., Via Leonardo Da Vinci 60, Tel. 094 22 81 53, Fax 094 22 87 10, www.villaducale.it, €€ – €€€*

Villa Igiea (Insider Tipp)
Die oberhalb der Altstadt gelegene Jugendstilvilla besitzt 12 einfache Zimmer. *Via Circonvallazione 28, Tel. 09 42 62 52 75, www.villaigiea.it, €€*

Villa Schuler
Villa mit Garten. Blick über die Küste. *26 Zi., Piazzetta Bastione 16, Tel. 094 22 34 81, Fax 094 22 35 22, www.villaschuler.it, € – €€*

STRÄNDE

Die Strände von *Isola Bella* und *Mazzarò* sind grobkieselig und fast immer sehr voll. Mehr Platz bieten *Letoianni* im Norden, *Capo Schisò* und *San Marco* im Süden. Die schnellste Verbindung ans Meer nach Mazzarò ist die Seilbahn; Busse zu den Stränden zwischen Capo Schisò und Letoianni verkehren häufig (Fahrpläne gibt es gratis am Busbahnhof in der Via Pirandello).

AM ABEND

Das meiste Leben herrscht auf dem *Corso Umberto* und auf der *Piazza* unter dem Uhrturm. Bars, Pianobars, Eisdielen, Restaurants und Läden haben bis tief in die Nacht offen. Die Diskos liegen etwas am Rand:

Tiffany Club
Disko-Pub, Karaoke: Jugendtreff in der *Via San Pancrazio*

Tout Va
Freiluftnightclub der Edelklasse unter dem Teatro Greco-Romano. *Via Pirandello 70*

AUSKUNFT

AAST
Pal. Corvaja, Tel. 094 22 32 43, Fax 094 22 49 41, www.gate2taormina.com

ZIELE IN DER UMGEBUNG

Alcantara-Schlucht [125 D5]
★ 18 km westlich von Taormina bricht der Fluss Alcantara mit Katarakten durch eine enge, bis zu 50 m tiefe Basaltschlucht, in die von der Straße nach *Francavilla* eine Treppe und ein Aufzug hineinführen. Wandern Sie barfuß durchs kühle Wasser, oder leihen

DER NORDOSTEN

Sie sich am Eingang Gummistiefel! Ländlich essen und satt werden können Sie im *Paradise (Mo geschl., Tel. 094 24 74 00, €)* oberhalb der Schlucht an der Straße, das auch Tische draußen und im Wintergarten hat.

Castelmola [125 D5]
Das winzige Bergnest mit oft ausgezeichneter Aussicht (Ruine des Castello) liegt, 5 km entfernt, fast lotrecht über Taormina. Etwas unterhalb finden Sie das Hotel *Villa Sonia (34 Zi., Tel. 094 22 80 82, Fax 094 22 80 83, www.hotelvilla sonia.com, €€–€€€)*, und unter dem Stadttor liegt das Restaurant *Terrazza Auteri (Tgl., Tel. 094 22 86 03, €–€€)* mit Hausmannskost und tollem Ausblick.

Giardini-Naxos [125 D6]
Die Badevorstadt 6 km südlich von Taormina ist eng zwischen Hauptstraßen und Eisenbahn eingeklemmt. Sehr schön ist die Uferregion um die *Ausgrabungen des antiken Naxos,* der ältesten Griechenstadt Siziliens mit eindrucksvollen Megalithmauern. Übernachtungsmöglichkeit im sehr stilvollen *Arathena Rocks (49 Zi., Tel. 094 25 13 49, Fax 094 25 16 90, www.hotelarathena.com, €€)*, direkt am Meer in einem Privatpark. Ländlich essen mit Pilzen, Gemüse und Fleisch aus eigener Landwirtschaft können Sie im *Al Feudo (Mo geschl., Tel. 094 25 80 42, €–€€)* an der Straße Richtung Alcantara-Schlucht, im Ortsteil Trappitello. *Auskunft: Azienda Autonoma di Soggiorno e Turismo, Via Tysandros 54, Tel. 094 25 10 10, Fax 094 25 28 48, www.aastgiardini naxos.it*

Savoca [125 D5]
In dem Bergdorf, 24 km nördlich in den Peloritani, gibt es in der *Chiesa dei Cappuccini* Mumiengräber. Im Tal der Fiumara d'Agrò liegt unterhalb von Sant'Alessio Siculo bei Scifi die normannisch-byzantinische Kirche *SS. Pietro e Paolo* in einem Zitronenhain, mit arabischen Steinintarsien und steilen Kuppeln.

Ein Rest Fischeridyll am Strand von Giardini-Naxos – drüben liegt Taormina

DER SÜDOSTEN

Ein steinernes Geschichtsbuch

Das historische sizilianische Kontrastprogramm: fruchtbar die Ebenen, karg die Berge, antik bis barock die Städte

Die Sizilianer sprechen gerne von der »Insel in der Insel«. Dem durchschnittlich 500 bis 600 m hohen Karstgebirge der Monti Iblei, das von Schluchten und Flussläufen zerfurcht ist, sind flache Küstenebenen vorgelagert, die mit dichten Mandel- und Olivenhainen, Zitronenplantagen und besonders an der Südküste mit Frühkulturen bebaut sind. Die üppige Fruchtbarkeit der Ebenen, die vielfach mit Wein- und Gemüsegärten bis in die Küstendünen hineinreicht, steht im Gegensatz zur mehr als spärlichen Vegetation in den Bergen. Dort erstrecken sich karge, baumlose Weiden bis zum Horizont, unterteilt von kilometerlangen Steinmauern. Gehöfte, die inzwischen oft nur noch als Hirtenlager dienen, liegen weit auseinander. Sie sind mit den großen Eichen oder in tieferen Lagen den hohen Palmen schon von fern zu sehen. Längs der Täler und an den Bach- und Flussläufen zeigt sich üppiger Baumwuchs, in den Schluchten häufig als undurchdringlicher Urwald aus Oleander, baumhohem spanischem Rohr, violett blühen-

Barocke Balkonkonsolen am Palazzo Villadorato in Noto

Es gibt was zu lachen – wie schön

dem Mönchspfeffer und Brombeerranken. Die Schluchtenränder, die von den Hochflächen her zugänglich sind, waren die ältesten Siedlungsorte.

Eindrucksvoll liegen Ispica, Modica und die Doppelstadt Ragusa Ibla sowie in weiter Einsamkeit die Totenstädte von Pantalica. Gebaut sind sie alle aus dem hellen Kalkstein der Gegend, der frisch gebrochen sehr leicht zu bearbeiten ist, an der Luft aushärtet und eine graue oder dunkelgelbe Patina annimmt. In den Bergstädten, wo die Luft noch sauber ist, wird er von Flechten überzogen, nahe dem Meer hingegen stark durch die salzhaltige Luft zerfressen. Dann zerfällt er zu Sand. Kein anderer Stein bot sich so sehr der bildhauerischen

CALTAGIRONE

In Caltagirone sind sogar einige Treppen mit Majolikakacheln verziert

Phantasie an: Portale mit Fratzen und Rankenwerk, Simse und Gebälk – besonders von Balkonen – mit Fabelwesen, Gnomen, Nymphen und Monstern, Fassaden mit Schnörkeln, Säulen, Balustraden und immer reichem Figurenschmuck sind für die Städte typisch, vor allem für jene, die nach dem Erdbeben von 1693 wieder aufgebaut wurden.

CALTAGIRONE

[126 B3] ★ Mit ihren Kirchtürmen und Kuppeln liegt die Stadt (33 000 Ew.) weithin sichtbar auf einer Bergspitze. Die Gassen sind eng, und außer der berühmten *Treppe mit den Majolikakacheln* gibt es zahlreiche weitere, wenn auch kürzere und schmucklosere Treppenwege. Die *Große Treppe* von 1608, deren Keramikschmuck aus jüngerer Zeit stammt, verbindet die Unterstadt mit dem Palast des Adelskapitäns *(Palazzo della Corte Capitaniale)* und den Hauptplatz mit der Hauptkirche im oberen Stadtteil, *Santa Maria al Monte*. In der Villa Comunale (im Park) befindet sich neben dem Keramikmuseum ein ganz mit Majolikakacheln dekorierter Pavillon, der *Teatrino*.

MUSEUM

Museo Regionale della Ceramica
Keramik von der Antike bis heute ist hier ausgestellt, hauptsächlich sizilianische Majolika der Renaissance und des Barock. *Tgl. 9–18.30 Uhr; Giardino Pubblico, Eintritt 2,50 Euro*

ESSEN & TRINKEN

Pomara
Rustikaler Speisesaal im Nachbarort *San Michele di Ganzaria,* Landküche mit kräftigen Aromen und

DER SÜDOSTEN

Fleischportionen. Auch Hotel mit 39 Zimmern. *Tel. 09 33 97 69 76, Fax 09 33 97 70 90, €€*

EINKAUFEN

Keramik
In Caltagirone wird noch viel in der traditionellen Qualität hergestellt, Bemalung und Glasur sind bei teuren Stücken sehr sorgfältig ausgeführt. In den Werkstätten der Altstadt können Sie zuschauen, wie so ein Stück entsteht. Dauerausstellungen sind im Hof des *Palazzo Corte Capitaniale* und in den Läden der *Galleria Don Sturzo* zu bewundern.

ÜBERNACHTEN

Monteverde
Im neuen Ortsteil. Moderne, große Zimmer, Garten. *30 Zi., Via delle Industrie 11, Tel. 093 35 36 82, Fax 093 35 35 33, €€*

AUSKUNFT

Azienda di Turismo
Palazzo Libertini, Tel. 093 35 38 09, Fax 093 35 46 10, iaastcaltagirone @virgilio.it

ENNA

[126 A2] Die Provinzhauptstadt (28 000 Ew.) liegt über 900 m hoch und trägt aufgrund des weiten Blicks auf Innersizilien und das gegenüberliegende Bergdorf Calascibetta, den Ätna und die Berge im Norden den Namen »Belvedere Siziliens«. Sehenswert sind vor allem die aus normannisch-staufischer Zeit stammenden Befestigungsanlagen, wie das *Castello di Lombardia* mit dem Torre Pisana am höchsten Punkt der Stadt und der achteckige Turm *Torre di Federico II*, dessen Entwurf dem Kaiser selbst zugeschrieben wird.

MARCO POLO Highlights
»Der Südosten«

★ **Caltagirone**
Ein Zeugnis barocker Kachelmalerei: Treppen, Paläste, Kirchen sind mit Majolika dekoriert (Seite 44)

★ **Porto Palo di Capo Passero**
Die Kleinstadt gilt als das beste Surfrevier Siziliens (Seite 49)

★ **Piazza Armerina**
3500 m^2 Mosaiken in der römischen Kaiserresidenz Villa del Casale (Seite 46)

★ **Pantalica**
Über 5000 Grabkammern in den Felswänden (Seite 55)

★ **Noto**
Die barocke Kleinstadt ist ganz auf Perspektive angelegt (Seite 47)

★ **Museo Regionale Archeologico**
Rundgang durch 15 000 Jahre Geschichte in Syrakus (Seite 53)

ENNA

ESSEN & TRINKEN

Antica Hostaria
Hausgemachtes aus Schwein, Lamm, Bohnen und Gemüse in der Altstadt. *Di geschl., Via Castagna 9, Tel. 093 52 25 21, €*

La Brace
Familientrattoria an der Straße von Enna ins Bergnest Calascibetta. Große Auswahl. *Mo geschl., Tel. 093 53 46 99, €*

ÜBERNACHTEN

Riviera
Am Lago Pertusa im Garten, mit Seeblick und Pool, dazu gutes, preiswertes Essen (*€*). *26 Zi., Tel. 09 35 54 12 67, Fax 09 35 54 12 60, www.rivierahtl.it, €€*

AUSKUNFT

APT
Via Roma 411, Tel. 09 35 52 82 28, Fax 09 35 52 82 29, www.apt-enna.com

ZIELE IN DER UMGEBUNG

Piazza Armerina [126 A3]
★ Umgeben von Eukalyptuswäldern, Haselnuss- und Obstgärten liegt 34 km südöstlich von Enna die Stadt mit ihren bunten und silbernen Kirchenkuppeln auf einem Bergrücken. 5 km unterhalb in einem Flusstal mit üppigster Vegetation führt eine Stichstraße zu den Ausgrabungen der römischen *Villa Romana del Casale (April–Sept. 8–18.30, Okt. bis März 8–16 Uhr; Eintritt 4,50 Euro).* Die Fußbodenmosaiken des Unesco-Weltkulturerbes gehören zu den größten und schönsten, die uns aus der Antike überliefert sind. Ihre künstlerische Technik und die Motive verraten Künstler aus Nordafrika. Bei der Villa handelt es sich wohl um den Land- und Jagdsitz eines römischen Kaisers aus dem 4. Jh. Der Grundriss der Anlage ist unter schützenden Plexiglashäusern noch gut erkennbar: Wohn- und Repräsentationsräume, Thermen, Säle für Bankette, Schlafkammern, Abtritt, Küche, die Kammern für die Dienerschaft und im Zentrum das große Peristyl, der von Säulengängen umgebene Innengarten mit Nebenräumen. Daran schließt sich ein langer Korridor an, der die Verbindung zu anderen Flügeln der Villa herstellt. Heute gelangt man von hier über Brücken zum »Saal der Mädchen« mit dem berühmten Mosaik der tanzenden Mädchen in einer bikiniartigen Tracht. Um die Basilika, die ihrer Größe halber wohl als Empfangsraum diente, liegen Wohnräume mit schönen Bodenmosaiken.

Im Restaurant *Da Totò Centrale (Mo geschl., Via Mazzini 29, Tel. 09 35 68 01 53, €)* sollten Sie die Nudeln mit Sardellen und wildem Fenchel probieren. Angenehm können nen Sie in der Trattoria *La Ruota (Tgl., Tel. 09 35 68 05 42, €)* sitzen, einer ehemaligen Mühle mit schönem Garten im Tal der Villa del Casale. Sie bietet genuine Küche mit Zutaten aus dem eigenem Garten. Im Hotel *I Mosaici-Da Battiato (23 Zi., Tel./Fax 09 35 68 54 53, €)* an der Kreuzung zur Villa erwarten Sie gute Zimmer, vorzügliche Landküche und freundliche Bedienung.

An der Straße nach Enna am Abzweig nach Morgantina (2 km) bekommen Sie im *Il Fogher (Tgl., Tel. 09 35 68 41 23, €€)* hervorragende, kreative sizilianische Küche.

Insider Tipp

DER SÜDOSTEN

Hörnchen

Das Mittel gegen den bösen Blick

Männer haben ein kleines Korallenhörnchen am Goldkettchen um den Hals hängen, Lastwagenfahrer hängen ganze Stierhörner an ihr Gefährt, im Auto kommen Plastikhörnchen nicht übersehbar an den Innenspiegel – denn der böse Blick lauert überall, kann verhexen, Männer vertrocknen, impotent werden oder sterben lassen. Das Hörnchen hält diese von Frauen und Magierinnen bewirkte Verzauberung ab.

Auskunft: *AAST im Zentrum, Via Cavour 15, Tel. 09 35 68 02 01, Fax 09 35 68 45 65, www.piazza armerina.it*

Morgantina [126 B2]

Insider Tipp

Die antike Stadt liegt 42 km südöstlich von Enna auf einem langen Bergrücken, der sich in die Ebene von Catania schiebt. Steine, Bäume und die weite Sicht bis zum Ätna und zum Meer sind durch nichts beeinträchtigt. Wind und Stille herrschen über dem zweitausendjährigen Straßenpflaster, dem gut erhaltenen Theater, der riesigen Freitreppe der Agorà. *Tgl. 9 Uhr bis Sonnenuntergang, Eintritt 3 Euro*

In *Raddusa* (14 km nordwestlich) gibt die *Casa del Tè* einen Überblick über die Kulturgeschichte des Tees. Im Salon können Sie in Ruhe kosten und an Teezeremonien teilnehmen. *Via Garibaldi 40, Tel. 095 66 21 93, www. casadelte.it*

NOTO

[127 D5] ★ Die Barockstadt mit ihren 22 000 Ew. gehört zum Weltkulturerbe der Unesco und liegt auf einem flachen Ausläufer der Iblei-Berge über der Küstenebene mit ihren dichten Olivenhainen, die schattig wie Wälder sind. Nach dem Erdbeben von 1693, dem auch das mittelalterliche *Noto Antica* zum Opfer fiel, dessen Ruinen 9 km landeinwärts liegen, beschloss man den raschen Wiederaufbau.

SEHENSWERTES

Die Residenzstadt

Den größten Raum Notos, das als Stadt gleichzeitig den idealen Aufbau der Gesellschaft darstellen sollte, nimmt der herrschaftliche Teil in relativ ebener Lage ein, der sich mit den Hauptkirchen, Palästen, Plätzen und Freitreppen längs der drei parallel verlaufenden Hauptstraßen entwickelt. Die mittlere, der *Corso Vittorio Emanuele,* endet in repräsentativen Stadttoren. Mit Parks und Plätzen nimmt er breiten Raum ein, wird von den Hauptpalastfronten gesäumt und öffnet sich in der Mitte zur *Piazza Duomo* mit einem weiten Treppen- und Fassadenprospekt. Das ist der eigentliche Stadtmittelpunkt: Hier liegen sich als geistliches und weltliches Machtzentrum der *Dom* und der *Palazzo Ducezio* gegenüber.

Noto

ESSEN & TRINKEN

Trattoria del Carmine
Familiäre Landgaststätte, die Leute aus Noto und Fremde gleichermaßen anzieht. *Mo geschl., Via Ducezio 9, Tel. 09 31 83 87 05,* €

ÜBERNACHTEN

Ostello Il Castello
Die Jugendherberge ist in der Burg ganz oben in der Altstadt untergebracht. *68 Betten, Via Fratelli Bandiera 1, Tel./Fax 09 31 57 15 34,* €

Villa Canisello
Am Rand der Altstadt bietet der einstige Bauernhof mit seinem großen Garten 6 großzügige Zimmer. *Via Pavese 1, Tel. 09 31 83 57 93, Fax 09 31 83 77 00, www.villacanisello.it,* €€

STRÄNDE & SPORT

Baden und Vögel beobachten können Sie am feinsandigen Strand von *Marina di Noto*. Wandern und Baden ist möglich im Naturschutzgebiet *Vendicari* oder im sauberen Flusswasser in der *Cava Grande* (Straße Noto–Palazzolo). `Insider Tipp`

AUSKUNFT

APT
Büro: Piazza XVI Maggio, Tel./Fax 09 31 57 37 79 u. 09 31 83 67 44, informazioni-noto@apt-siracusa.it

ZIELE IN DER UMGEBUNG

Cava d'Ispica   **[126 C5]**
Die Karstschlucht, die unterhalb der Barockstadt *Ispica*, 27 km südwestlich von Noto, endet, ist über 12 km lang. An der Straße von Rosolini nach Modica liegt der Hauptzugang zur Schlucht, wo man byzantinische Höhlenkirchen und unterirdische Grabfelder sieht *(tgl. 8–17 Uhr)*. Ein Stück in die Schlucht hinein führt ein leicht begehbarer Weg, der in einen schmalen, an vielen Stellen verwucherten Pfad bis nach Ispica auf dem Grund der Schlucht übergeht. Von Ispica kommt man vom *Parco della Forza (tgl. 8–17 Uhr)* mit seinen Höhlenkirchen und Mauerresten bequem 3 km in die Schlucht hinein.

Noto Antica und Palazzolo Acreide
Auf der 96 km langen Rundfahrt nehmen Sie in Noto die Straße zum *Convento della Scala,* einer kleinen, einsam gelegenen barocken Wallfahrtskirche. 1 km weiter stellen Sie an der Zufahrt zu *Noto Antica* **[127 D5]** das Auto ab. Das wuchtige Stadttor und die Mauer sind die anschaulichsten Zeugen der 1693 zerstörten Stadt, die zwischen zwei beginnenden Schluchten auf einer Hochebene stand. Hier und da sieht man noch Mauern aus dem hohen Strauchwerk ragen, am vordersten Ende der Plateaus auch Säulen und Portale von Kirchen.

Zurück auf der Staatsstraße Nr. 287, können Sie auf der Nebenstraße nach Avola einen Abstecher von 6 km zur *Cava Grande* machen, einer weiten Schlucht, in die vom Parkplatz ein in den Felsen gehauener Treppenweg hinunterführt. Von dort geht es auf weiteren Wegen den glasklaren Fluss zu Kaskaden, Seen und Sandbänken entlang. Am Parkplatz lädt Sie die Trattoria *Cava Grande (Mo geschl., Tel. 09 31 81 12 20,* €*)* zu robusten

DER SÜDOSTEN

ländlichen Spezialitäten an Tischen im Garten ein.

Palazzolo Acreide [127 D4] liegt beherrschend auf einem Buckel, dessen höchste Stelle die antike Stadt Akrai einnahm. Barockhandwerker haben auch hier aus dem weichen, gelben Kalkstein und aus Schmiedeeisen eine Fülle an Dekor, Fratzen und Fabelwesen geformt, die besonders üppig die Fassaden an der riesengroßen Piazza schmücken. Von hier aus führt ein Gang in die Seitenstraßen und zum Volkskundemuseum *Casa Museo Antonino Uccello* *(tgl. 9–13 u. 15.30 bis 19 Uhr, Eintritt frei)*. Gut essen können Sie in der Trattoria *Andrea (Di geschl., Via Maddalena 24, Tel. 09 31 88 14 88, €)*. Von der antiken *Akropolis (tgl. 9 Uhr bis kurz vor Sonnenuntergang, Eintritt frei)* mit ihrem kleinen Theater bietet sich ein weiter Blick auf den ganzen Südosten Siziliens.

Zurück zur Küste führt eine schmale asphaltierte Straße über *Castelluccio* [127 D5], eine der bedeutenden vorgeschichtlichen Stationen, wo an den Rändern mehrerer Karsttäler Hunderte Kammergräber in den Stein gehauen sind.

Porto Palo di Capo Passero [127 E6]

★ Die Kleinstadt, 28 km von Noto an Siziliens Südspitze, mit einem geschäftigen Fischereihafen ist dank ihrer ausgedehnten Dünenstrände im Norden bei *Vendicari* und Sandbuchten ein beliebter Ferienort geworden. Besonders die Surfer schätzen die guten Windverhältnisse. Einfache Unterkunft und ordentliche Küche bieten die beiden modernen Ferienhotels *Jonic (12 Zi., Tel. 09 31 84 26 15, €)* und *Vittorio (25 Zi., Tel. 09 31 84 21 81, €)*, vorzügliche Meeresküche das *Maurizio (Di geschl., Via Tagliamento, Tel. 09 31 84 26 44, €€)*

RAGUSA

[126 C5] Das ist die Hauptstadt (61 000 Ew.) der kleinsten und wohlhabendsten Provinz Siziliens, deren inzwischen erschöpfte Erdölvorkommen um 1960 einen kurzen Industrieboom ausgelöst hatten. Heute kann die Provinz zu Recht als das Frühbeet und Gewächshaus Italiens bezeichnet werden. Die langen, und feinsandigen Dünen-

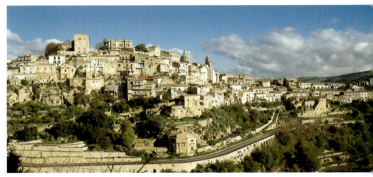

Das aus Ober- und Unterstadt (Ibla) bestehende Ragusa

RAGUSA

strände, die sehr flach ins Meer auslaufen, haben an der Küste die Marina-Orte anwachsen lassen. Ragusa, das über einer tiefen Schlucht in einer verbrannten, kahlen Ebene liegt, die sich zum 25 km entfernten Meer neigt, besteht aus zwei Stadtkernen: dem modernen Ragusa mit geraden, breiten Straßen und dem kleineren, barocken *Ibla* der Barone, Kleriker, Handwerker und Landarbeiter mit Treppen, engen Gassen und winkeligen Plätzen.

SEHENSWERTES

Dom San Giorgio
Hauptkirche von Ibla, mit ihrer Fassade und Freitreppe ein herausragender Bau im Barockstil Siziliens. Architektonisch erinnert die Kirche an San Giorgio im nahen Modica.

San Giorgio Vecchio
Ruine einer Normannenkirche mit schönem Portal. Vom dahinter liegenden Park haben Sie eine großartige Aussicht zur höher gelegenen Stadt und in die Schlucht.

ESSEN & TRINKEN

Duomo
In der Altstadt von Ibla, einfache, kreative Küche mit viel Gefühl und Akuratesse bei den Zutaten. *So geschl., Via Boccheri 31, Tel. 09 32 65 12 65,* €€– €€€

Lido Azzurro – Serafino
Direkt am Strand der 28 km entfernten *Marina di Ragusa* [126 B6] bekommen Sie fangfrische Meeresfrüchte und Fische und können genießen wie die Einheimischen. *Tgl., Lungomare Andrea Doria, Tel. 09 32 23 95 22,* €€

ÜBERNACHTEN

Montreal
Gepflegtes Stadthotel, zentrale Lage. *50 Zi., Via San Giuseppe 10, Tel. 09 32 62 11 33, Fax 09 32 62 10 26, montreal@sicily-hotels.net,* €€

STRÄNDE

Weite Sandstrände gibt es bei *Marina di Ragusa* [126 B6], *Camarina* [126 B5] und *Pozzallo* [126 C6].

AUSKUNFT

APT
Büro: Pal. La Rocca (Ibla), Tel. 09 32 62 14 21, Fax 09 32 62 34 76

ZIELE IN DER UMGEBUNG

Donnafugata [126 B5]
Das 15 km von Ragusa entfernt liegende Schloss mit dem weitläufigen Park wurde im 19. Jh. mit Türmen und Zinnen umgebaut. Lucino Visconti drehte hier mit Marcello Mastroianni und Claudia Cardinale den »Leopard«. In den ehemaligen Ställen befindet sich die Trattoria *Al Castello (Mo geschl., Tel. 09 32 61 92 60,* €*)* mit bodenständiger Küche.

Modica [126 C5]
Die alte Hauptstadt der Grafschaft Modica, die mit der heutigen Provinz Ragusa identisch ist, liegt 15 km südlich von Ragusa am Grund zweier Karstschluchten, die sich an der Haupt-Piazza vereinen. Die Altstadt staffelt sich steil an den Hängen, mit engen Gassen und Treppenwegen, während im Tal die beiden großen Promenierstraßen verlaufen und dort auch Platz für

DER SÜDOSTEN

die Hauptkirchen und die Paläste der Barone ist. Auch in Modica bestimmt der theatralische Barock das Stadtbild, besonders bei den beiden Hauptkirchen *San Pietro* in der Unterstadt und *San Giorgio* mit einer Schautreppe auf halber Höhe. Das Hotel *Bristol (18 Zi., Via Risorgimento 8 b, Tel. 09 32 76 28 90, Fax 09 32 76 33 30, €€)* liegt in der Oberstadt. Essen wie einst können Sie in der Trattoria *Nicastro (So, Mo geschl., Via S. Antonio 28, Tel. 09 32 94 58 84, € – €€).*

Auskunft und Stadtführungen: *Ufficio Turistico della Contea di Modica, Corso Umberto I, Tel. 09 32 75 27 47, www.quasimodo.it*

SYRAKUS

Karte auf Seite 53

[127 E4] Die Stadt *Siracusa* mit 110 000 Ew. liegt auf einem flachen Kalkplateau, das steil zum Meer hin abbricht, und auf der Insel *Ortigia,* die seit 2500 Jahren über eine Brücke mit dem Festland verbunden ist. Die moderne Stadt auf dem Festland nimmt nur einen bescheidenen Teil der Fläche des antiken Syrakusai ein. Die riesige, heute unbesiedelte Hochfläche von Epipolai, westlich der modernen Stadt bis hin zum stark befestigten Castel Euriaio, war vor 2000 Jahren das größte Viertel der antiken Millionenstadt. Die flache Felseninsel bot nicht nur Schutz und einen hervorragenden Hafen: Schon früh zog die Süßwasserquelle, der Sitz der Nymphe Arethusa, Siedler an.

Syrakus war nicht nur das wirtschaftliche und politische, sondern auch das wissenschaftliche und kulturelle Zentrum des antiken Siziliens. Von den Römern ausgeplündert, büßte die Stadt wie der Rest der Insel ihren Glanz ein. Sie beherbergte in frühchristlicher Zeit eine bedeutende christliche Gemeinde, die sich in den Katakomben traf, wo auch der Apostel Paulus predigte, war in der byzantinischen Periode Hauptstadt Siziliens und verlor erst in der arabischen und normannischen Zeit jegliche Bedeutung.

SEHENSWERTES

Katakomben San Giovanni
Im modernen Syrakus, nicht weit vom Archäologischen Regionalmuseum, gelangen Sie durch die halb verfallene Kirche San Giovanni in die ausgedehnten unterirdischen Katakomben aus der frühchristlichen Zeit, die ein Labyrinth von Gängen darstellen. *Tgl. 9–12.30 u. 14.30–17.30 Uhr, Eintritt 2 Euro*

Ortigia
Die Brücke vom Festland führt auf die *Piazza Pancali,* auf der gigantische Mauerblöcke und Säulen des *Apollotempels* (7. Jh. v. Chr.) stehen. Vormittags ist der Platz mit seinen Nebenstraßen zum *Porto Piccolo,* dem Fischerhafen, ein wogendes Marktgetümmel. Der *Corso Matteotti* führt zur *Piazza Archimede,* ins Herz der Altstadt. Um den Platz und längs der abzweigenden *Via Maestranza,* der Promenierstraße, befinden sich die meisten Paläste des Adels und des hohen Klerus, während in den Gassen, besonders zum Meer hin, viele Häuser und ganze Straßenzüge verlassen sind.

Die lange und schmale *Piazza Duomo* wird von der wuchtigen, durch Säulen gegliederten Barock-

Syrakus

fassade des Doms beherrscht. Hinter ihr verbirgt sich der vollständig erhaltene *Athena-Tempel* aus dem 5. Jh. v. Chr. In der seitlichen Außenwand sind die dorischen Säulen sichtbar, deren Zwischenräume zugemauert wurden. Das Innere ist schlicht, das Mittelschiff besitzt eine schöne Renaissance-Holzdecke, und ein von zwei romanischen Löwen getragener hellenistischer Prunkkrater bildet das Taufbecken.

Unterhalb der Uferpromenade entspringt in einem mit Papyrus bepflanzten Becken die *Arethusa-Quelle,* die heute jedoch nur brackiges Wasser führt.

Parco Archeologico della Neapoli

Die archäologische Zone liegt am Rand der modernen Stadt. Sie umfasst nur einen kleinen Teil des antiken Syrakus und mehrere Latomien, antike Steinbrüche, die Baumaterial lieferten und später in Gärten umgewandelt wurden.

Am Eingang rechts führt ein schattiger Weg zum *römischen Amphitheater,* das großenteils in den Fels gehauen ist. Am *Altar Hierons* (198 m Länge, 23 m Breite, aus dem 3. Jh. v. Chr.) wurden große öffentliche Opfer zelebriert. Das *griechische Theater,* dessen Stufen ebenfalls in Stein geschlagen wurden, bot mit 138 m Durchmesser auf den ursprünglich 61 Stufen, von denen noch 46 erhalten sind, über 15 000 Zuschauern Platz. Es ist heute noch Ort von klassischen Aufführungen. Die *Latomia del Paradiso* ist der größte Steinbruch im antiken Stadtgebiet und ein kühler, schattiger Park. *Das Ohr des Dionysos* ist eine 65 m lange, bis 23 m hohe künstliche Grotte, ein unterirdischer Steinbruch. Sie soll den Tyrannen als Gefängnis gedient haben. Die außergewöhnliche Akustik, die sogar Flüstern hörbar werden ließ, taugte gut zur Bespitzelung. Eine weitere künstliche Grotte, die *Grotta dei Cordari,* diente

Im griechischen Theater werden seit 470 v. Chr. Tragödien aufgeführt

DER SÜDOSTEN

Ein Stern aus Beton für die Madonnina delle Lacrime aus Gips

über Jahrhunderte den Seilern als Werkstatt. *Tgl. 9 Uhr bis zum Sonnenuntergang, Eintritt 4,50 Euro*

Santuario della Madonnina delle Lacrime
Das Madonnenbild aus Gips, das seit 1953 immer wieder Tränen weinte und Wunder tat, ist in einem Rundbau von 90 m Durchmesser aufgestellt, dessen 76 m hohes Kegeldach das Stadtbild prägt.

MUSEEN

Galleria Regionale im Palazzo Bellomo
In dem vorbildlich restaurierten mittelalterlichen Adelspalast im Zentrum der Insel Ortigia ist diese bedeutende Gemäldegalerie untergebracht, in der sich zur Zeit das Hauptwerk Caravaggios, das »Begräbnis der Heiligen Lucia«, befindet. *Di–Sa 9–19, So 9–14 Uhr; Via Capodieci, Eintritt 2,50 Euro*

Museo Regionale Archeologico
★ Dies ist Siziliens größtes Museum, in dem die Funde aus der Vorgeschichte und der griechischen und römischen Antike aus ganz Ostsizilien zusammengetragen sind. Allein die Funde aus Syrakus könnten mehrere Museen füllen. Glanzstücke sind die Venus Landolina und ein archaischer Koúros, eine Jünglingsstatue, aus Kalkstein. *Di bis Sa 9–13 u. 15–17, So 9–13 Uhr; Viale Teocrito, Eintritt 4,50 Euro*

ESSEN & TRINKEN

Archimede
In einem alten Weinkeller im Herzen Ortigias finden Sie traditionelle Küche. *So geschl., Via Gemmellaro 8, Tel. 093 16 97 01, €€*

Don Camillo
An einem Platz an der Hauptstraße von Ortigia feine Meeresküche nach traditionellen Rezepten in gro-

SYRAKUS

ßer Auswahl. *So geschl., Via Maestranza 96, Tel. 093 16 71 33, €€*

Jonico 'a Rutta 'e Ciauli
Restaurant und Museum für Volks- und Küchenkultur in einem, mit Blick auf die Insel Ortigia. *Di geschl., Riviera Dionisio il Grande 194, Tel. 093 16 55 40, €€*

ÜBERNACHTEN

Domus Mariae
Luxuriös umgebautes Kloster mit 16 Zimmern. *Via Vittorio Veneto 76 (Ortigia), Tel. 093 12 48 54, Fax 093 12 48 58, www.sistemia.it/do musmariae, €€€*

Gran Bretagna
Familienfreundliches Hotel. *12 Zi., Via Savoia 21 (Ortigia), Tel./ Fax 093 16 87 65, www.hotelgran bretagna.it, €€*

Grand Hotel
Perfekt restaurierte Jugendstilpracht. Mit Dachterrassenrestaurant. *58 Zi., Viale Mazzini 12 (Ortigia), Tel. 09 31 46 46 00, Fax 09 31 46 46 11, www.grandhotel sr.it, €€€*

Il Limoneto
Landgut mit komfortablen Zimmern und guter Küche, 9 km im Hinterland Richtung Canicattini. *6 Zi., Tel. 09 31 71 73 52, Fax 09 31 71 77 28, limoneto@tin.it, €*

STRÄNDE & SPORT

Feinsandige Badestrände gibt es in *Fontane Bianche* **[127 E5]**. Wanderlustige finden gute Möglichkeiten zum Spazieren im *Anapo-Tal* und in *Pantalica* **[127 D4]**.

AUSKUNFT

AAST
Via della Maestranza 33, Tel. 09 31 46 42 55, Fax 093 16 02 04, aatsr@flashcom.it

APT
Via San Sebastiano 43–45, Tel. 09 31 48 12 00, Fax 093 16 78 03, www.apt-siracusa.it, www.provin cia.siracusa.it

ZIELE IN DER UMGEBUNG

Castel Eurialo [127 E4]
Die antike Festung mit ihren aus großen Steinquadern errichteten Mauern erhebt sich 8 km westlich von Syrakus auf einem Kalkplateau. In der weiten Bucht lag auf der Halbinsel Magnisi einstmals die Stadt Tapsos, noch weiter nördlich die mächtige Nachbarstadt Megara Hyblaea. Bei klarem Wetter reicht der Blick bis hin zur Südspitze Siziliens. *Tgl. 9 Uhr bis zum Abend, Eintritt frei*

Fontane Bianche [127 E5]
Lidosiedlung 20 km südlich von Syrakus mit sauberem Meer. Im Sommer verkehrt der Stadtbus stündlich. Unterkunft im Hoteldorf *Fontane Bianche (225 Zi., Tel. 09 31 79 06 11, Fax 09 31 79 05 71, www.ventaglio.com, €€)* am Strand mit weißem Sand, Bäumen und Klippen.

Fonte Ciane [127 E4]
Der 7 km südwestlich gelegene Quelltümpel und der kurze Fluss sind mit der Arethusaquelle auf der Insel Ortigia die einzigen Orte in Europa, an denen Papyrus natürlicherweise vorkommt.

DER SÜDOSTEN

1	Catacombe di Vigna Cassia	6	Santa Maria dei Miracoli
2	Villa Landolina	7	San Tommaso
3	Cappella del Sepolcro	8	Chiesa del Collegio
4	Sacrario ai Caduti	9	Palazzo Montalto
5	San Giovanni Battista	10	San Francesco
		11	Palazzo Beneventano
		12	Porta Marina
		13	Palazzo Interlandi
		14	Forte Vigliena

Pantalica   **[127 D4]**

★ Über Ferla ist Pantalica 50 km, über Sortino 35 km von Syrakus entfernt. Von beiden Orten führt eine Stichstraße bis an den Rand der Nekropole der Sikuler. Über 5000 Grabkammern sind an den Talrändern des Flusses Anapo und seiner Nebentäler in den Stein gegraben. Die aus Jungsteinzeit und Bronzezeit stammenden Gräber dienten später in unsicheren Zeiten als Behausung. Von der zugehörigen Siedlung wurde nur ein Herrenhaus aus dem 11. Jh. v. Chr. ausgegraben.

Die Enden der beiden Straßen sind mit Wegen durch das Flusstal verbunden. Längs der Straße von Ferla sind Wanderwege markiert. Die Straße im Anapo-Tal, die auf der Trasse der alten Eisenbahnlinie mit Tunnels, Brücken und Bahnwärterhäusern verläuft, ist für den privaten Autoverkehr gesperrt.

PALERMO UND DIE NORDKÜSTE

Das »schönste Vorgebirge der Welt«

Eine quirlige, strapaziöse Großstadt, umgeben von geschützter Natur, dem »Bergtheater« der Nordküste

Unmittelbar hinter der Küste im Norden Siziliens steigen schroffe Berge auf. Nur an wenigen Stellen haben Flüsse Ebenen angeschwemmt, deren üppig grüne Orangenplantagen und Fruchtgärten sich erfrischend von den völlig kahlen und verkarsteten Bergketten abheben, die mit den zerklüfteten Hochflächen ihres Vorlands ideale Mafia-Schlupfwinkel boten. Das Meer bildet hier, von Kaps umschlossen, weite Buchten: den Golf von Castellammare, dann die große, von Monte Pellegrino und Capo Zafferano eingefasste Bucht von Palermo und schließlich den weiten Golf von Termini Imerese, den der Felsenberg der Domstadt Cefalù begrenzt. Daran schließt sich die lange, wenig gegliederte Küste bis Capo Orlando an, die den zu Regionalparks erklärten Bergketten der Madonie und Nebrodi vorgelagert ist. Dort, auf halber Höhe, liegen die alten, sich mehr und mehr entvölkernden Hirtendörfer.

Im Dom von Palermo steht der Sarkophag des großen Staufers: Kaiser Friedrich II. († 1250)

CEFALÙ

[123 D2] Unter der mächtigen Steinmasse des Berges Rupe wirken die Türme und das hohe Schiff des Normannendoms wie ein Spielzeug. Die Dächer der Häuser scharen sich um dieses weithin sichtbare Wahrzeichen der Stadt (12 500 Ew.), die zu Beginn der Normannenzeit als Grabstätte und wichtiger Hafen eine kurze Blüte hatte und dann bis in das 20. Jh. in einen Dornröschenschlaf verfiel, sodass sie in ihrer mittelalterlichen Gestalt fast unangetastet blieb. Der *Corso Ruggero*, die schmale, von strengen Palästen in Quadermauerwerk und mit Spitzbogenfenstern gesäumte Hauptstraße, öffnet sich zum Domplatz. Im Inneren ist die Altstadt eng und dunkel, zum Meer schützt sie eine Gigantenmauer, deren unteren Teil metergroße Blöcke aus frühgeschichtlicher Zeit bilden, die aus den Felsen an der Wasserlinie wachsen. Westlich an die Altstadt schließt sich eine weite, feinsandige Bucht an, dahinter die Uferpromenade und neue Häuser und Hotels.

CEFALÙ

Vorsicht, Welle! Wasserspaß am Strand von Cefalù

SEHENSWERTES

Arabisches Waschhaus
Mitten in der Enge der Altstadt öffnet sich ein kleiner Platz, der unter flache Bögen mit Steinbecken führt, wo starke Quellen entspringen. Errichtet wurde das Waschhaus von arabischen Baumeistern, und noch vor wenigen Jahrzehnten wuschen hier die Frauen ihre Wäsche.

Dom
★ Wer auf dem Vorplatz steht, ist durch das strenge Bogenportal der Vorhalle und die beiden wuchtigen Türme beeindruckt. Bei diesem ältesten Normannendom Siziliens (1140 begonnen), der allerdings erst nach Jahrhunderten Bauzeit vollendet wurde, spricht der Stein: In dem archaischen Kreuzgang und mit seinem gewaltigen Chor und dem schmalen, hohen Querschiff drückt er Kraft und Macht aus. *Tgl. 8–12 u. 15.30–19 Uhr*

MUSEUM

Museo Mandralisca
Privatsammlung mit antiken Funden und dem berühmten Bildnis eines Unbekannten von Antonello da Messina. *Tgl. 9.30–12.30 u. 15.30–18 Uhr, Via Mandralisca 13, Eintritt 4,15 Euro, www.museo mandralisca.it*

ESSEN & TRINKEN

Brace
Dicht am Dom gelegen. Es gibt kreative Küche mit Pasta und vegetarischen Leckereien, aber auch Fisch und Fleisch. *Mo geschl. Via XXV Novembre 10, Tel. 09 21 42 35 70, €–€€*

Tana della Volpe
☼ Mit Terrasse über der Steilküste. Es gibt Frisches aus dem Meer, auch Langusten und Scampi, Spaghetti und Linguine mit Meeres-

PALERMO UND DIE NORDKÜSTE

früchten. *Tgl., Sant'Ambrogio (7 km östlich in Richtung Pollina), Tel. 09 21 99 91 64, €€*

ÜBERNACHTEN

Le Calette
Hoteldorf mit eigenem Kieselstrand am Capo Kaldura. Eingerichtet mit sizilianischen Teppichen. Sportmöglichkeiten. *50 Zi., Loc. Kaldura, Tel. 09 21 42 41 44, Fax 09 21 42 36 88, www.lecalette.it, €€ – €€€*

La Giara
Einfaches Hotel mitten in der Altstadt. *24 Zi., Via Veterani 40, Tel. 09 21 42 15 62, Fax 09 21 42 25 18, la-giara@freemail.it, €€*

Valle Grande Ranch
☆ Auf den Bergen 5 km östlich von Cefalù stehen die Steinhäuser unter großen Bäumen. Restaurant, Reitmöglichkeit. *8 Apt. (2–5 Betten), Tel./Fax 09 21 42 02 86, €€*

STRÄNDE & SPORT

Besonders schöne Naturstrände finden Sie in *Mazzaforno* (5 km westlich), in *Capo Kaldura* (2 km östlich) und in *Capo Raisigerbi* bei Finale di Pollina **[123 E2]**.

Reiten können Sie in *Gibilmanna* bei der *Fattoria Pianetti (7 Zi., Tel. 09 21 42 18 90, Fax 09 21 42 20 60, €);* außerdem im *Regionalpark Madonie*.

AUSKUNFT

AAST
Büro am Corso Ruggero 77, Tel. 09 21 42 10 50, Fax 09 21 42 23 86, www.cefalu-tour.pa.it

ZIELE IN DER UMGEBUNG

Fiumara d'Arte **[123 E2]**
Ein Freilichtmuseum moderner Plastik sind die *Fiumara di Tusa*, der Strand *Villa Margi* und in den

---

MARCO POLO Highlights »Palermo und die Nordküste«

★ **Dom von Monreale**
Die Mosaiken und der Kreuzgang sind der Höhepunkt normannischer Kunst auf Sizilien (Seite 67)

★ **Madonie**
Regionalpark mit einzigartiger Natur und wunderschönen Bergdörfern (Seite 60)

★ **Dom**
Die Gottesburg ist eine weithin sichtbare Landmarke (Seite 58)

★ **Monte Pellegrino**
Ganz Palermo aus der Vogelperspektive sehen (Seite 67)

★ **Palazzo dei Normanni und Cappella Palatina**
Griechische und arabische Künstler schufen diesen Königspalast (Seite 62)

★ **Vucciria-Markt**
Palermo: der bunteste, lauteste und sinnenfrohste Markt (Seite 65)

PALERMO

Bergen *Castel di Lucio* mit seinem Labyrinth. Dazu gehören ebenfalls ein Keramikatelier und das avantgardistische Hotel *Atelier sul Mare* (44 Zi., Tel. 09 21 33 42 95, Fax 09 21 33 42 83, www.ateliersulmare.com, €€€) im Küstendorf *Castel di Tusa* (32 km östlich von Cefalù), in dem Künstler Raumideen gestalten.

Madonie [122–123 C–E2]

★ Die Madonie-Berge können Sie auf einer Rundfahrt (ca. 145 km) gut erkunden. Die *Wallfahrtskirche von Gibilmanna* liegt am Rand der Berge in einem Steineichenwald. Schatten und frische Luft, kalte Quellen und die Möglichkeiten zum Wandern und Reiten lassen an den Wochenenden viele Städter kommen, zumal es in den nahe gelegenen Dörfern gute Landtrattorien und den Direktverkauf von Käse, hausgemachten Wurstwaren, Bauernbrot, Olivenöl und Wein gibt. Übernachten kann man in einer Reihe von Berghütten und auf Bauernhöfen *(agriturismo)*.

Das Bergdorf *Isnello* ist Ausgangsort für die Hochregionen, die im Winter nach dem Ätna das wichtigste Skigebiet Siziliens sind. Vom Frühling bis zum Spätherbst sind Bergwanderungen aller Schwierigkeitsgrade möglich. *Piano Zucchi* (1105 m) und *Piano Battaglia* (1500 m) sind die wichtigsten Ausgangspunkte mit Schutzhütten und Hotels. Unterhalb liegt in einem restaurierten Gutshof das Hotel *Piano Torre (26 Zi., Tel. 092 16 26 71, Fax 09 21 66 26 72, €€)* mit großem Pool und raffiniertem Restaurant. Einfacher ist das für seine genuine Gebirgsküche bekannte *Rifugio Orestano (81 Betten, Tel./Fax 09 21 66 21 59, www.rifugiorestano.com, €)*.

Mitten in den Bergen, an der Straße nach Petralia, steht das Hotel *Pomieri (40 Zi., Tel. 09 21 64 99 98, Fax 09 21 64 98 55, hotelpomieri@abies.it, €€)*, einfach und mit gutem Restaurant. In *Petralia Sottana* (Sitz des Naturparks Madonie) liegt in der Ortsmitte das altmodische Kleinstadthotel *Madonie (10 Zi., Tel./Fax 09 21 64 11 06, €€)*, und in *Castelbuono* bekommen Sie im Restaurant *Nangalarruni (Mi geschl., Via delle Confraternità 5, Tel. 09 21 67 14 28, €€)* vorzügliche Landküche.

PALERMO

Karte in der hinteren Umschlagklappe

[122 B2] Die Lage der Stadt (725 000 Ew.) in der *Conca d'Oro*, der »Goldenen Muschel«, die von den Bergen hinter Monreale und vom Monte Pellegrino eingerahmt wird, ist großartig. Goethe fasste seine Begeisterung in die Worte vom »schönsten Vorgebirge der Welt«. Auch heute noch ist es am stimmungsvollsten, mit dem Schiff in Palermo anzukommen, erst einen Blick auf das Bergtheater der Nordküste zu werfen, dann immer tiefer in die Bucht einzufahren, die Türme und Kuppeln der Stadt immer deutlicher zu sehen.

Die Innenstadt, vor 200 Jahren eine der prachtvollsten Residenzstädte Europas, zeigt das häufig unvermittelte Nebeneinander von völliger Verödung und praller Vitalität, nicht nur auf den Märkten, dort allerdings am buntesten und exotischsten. Teile der Altstadt sind Ru-

PALERMO UND DIE NORDKÜSTE

inen, Trümmerflächen, wo die Bombardements des Zweiten Weltkriegs und die anschließende Spekulation Löcher gerissen haben.
🏃 Andere Straßenzüge sind vom Morgen bis in die späte Nacht so voller Menschen, dass man sich kaum durchquetschen kann, denn inzwischen kommt wieder Leben in diese Viertel. Überall wird restauriert, aufgebaut, engagierte junge Leute sind in die Altstadt gezogen. Läden, Lokale und Treffs entstehen allenthalben.

Wie überall auf Sizilien ist der dominierende Baustil der Barock. Die Großartigkeit der normannischen Bauten und Mosaiken hat künftige Generationen daran gehindert, abzureißen, umzubauen und zu übertünchen. Aus der Zeit davor, von den Bauwerken der Araber, die Hunderte von Bethäusern und Moscheen in der Stadt besaßen, und aus byzantinischer Zeit ist nichts geblieben. Jedoch vermitteln die frühen Normannenkirchen wie *San Giovanni degli Eremiti* und *San Cataldo* sowie die beiden Gartenpaläste *La Cuba* und *La Zisa* eine gute Vorstellung von der Baukunst der sizilianischen Araber.

SEHENSWERTES

Cattedrale (Dom)
Aus den Jahren der Gründung des Doms (1185) stammen nur die Ausmaße der Kirche und der im reinen Normannenstil gehaltene Chor. Die eindrucksvolle spätgotische Seitenfassade mit dem Hauptportal ist katalanisch beeinflusst, die Kuppel und leider auch das Innere sind Arbeiten des ausgehenden 18. Jhs., sehr nüchtern und steif. Im Inneren stehen die schlichten Sarkophage Friedrichs II. und der königlichen und kaiserlichen Familien aus poliertem Porphyr. *Mo–Sa 7–19, So 8–13.30 u. 16–19 Uhr*

Convento dei Cappuccini
Hierher, in die Via Cappuccini im Osten der Stadt, strömen die Reisegruppen – mehr als zu jedem anderen Kulturdenkmal Palermos. Die Kapuzinermönche und viele Familien des Hochadels bestatteten sich als Mumien, der Welt die Vergänglichkeit aufzeigend. Von Staub bedeckt, in Kleidern, die zu Gespinsten zerfallen, hängen sie in den Katakomben des Konvents, in früheren Jahrhunderten wurden sie so-

Gestik und Mimik

Fast wie eine zweite Sprache

Sizilianer müssen zum Sprechen unbedingt die Hände frei haben, die Frauen haben deshalb ihre Traglasten auf dem Kopf befördert. Gesten und Mimik unterstreichen die geliebten und reichlich verwendeten Worte, können sie aber auch ersetzen. Eine Geste kann hart verneinen, Widerspruch gar nicht aufkommen lassen, Verachtung oder Achtung zeigen, die Dinge völlig in der Schwebe lassen. Das Vokabular ist riesig, schon die Kinder wissen damit umzugehen.

PALERMO

gar von Zeit zu Zeit nach neuer Mode bekleidet. *Di–Sa 9–12 u. 15–17, So 15–17 Uhr, Eintritt 1,50 Euro*

La Magione
Am Rand einer der großen Trümmerflächen des Kalsa-Viertels, nicht weit vom botanischen Garten, liegt diese schlichte Normannenkirche mit einem bezaubernden Kreuzgang in einem kleinen Park. *Mo–Sa 8–12 u. 16–18.30, So 8–13 Uhr; Anmeldung: Tel. 33 93 77 41 37.* Gegenüber steht die mächtige Kirchenruine *Santa Maria dello Spasimo*, die zum 🏃 Kultur- und Musikzentrum umgebaut wurde. *Tgl. 8–24 Uhr*

La Martorana und San Cataldo
Die beiden Kirchen stehen auf einer kleinen Anhöhe unweit der *Piazza Pretoria* und sind heute griechisch-orthodoxe Pfarrkirchen.

San Cataldo mit den hohen roten Kuppeln hat im Inneren die schlichte Struktur der Steine bewahrt, kein Zierrat lenkt von den Formen ab. Der Glockenturm der *Martorana* mit seinen zerbrechlich wirkenden Säulen und Spitzbogenfenstern wurde Vorbild für viele Normannenkirchen, auch auf dem süditalienischen Festland. Das Innere, zum Teil in barocker Zeit mit Fresken ausgemalt, ist von Goldmosaiken byzantinischer Meister überzogen. *Mo–Sa 8.30–13 u. 15.30 bis 17.30, So 8.30–13 Uhr, Eintritt frei*

Insider Tipp Orto Botanico (Botanischer Garten)
Der Garten wurde 1792 als Vergnügungspark der feinen Gesellschaft angelegt. Mit Baumriesen aus der Mittelmeer- und Subtropenregion ist er heute ein schattiges Paradies und gibt einen umfassenden Überblick über die mediterrane Pflanzenwelt und die aus allen Teilen der Erde hier heimisch gemachten Arten. *Via Lincoln, Mo–Fr 9–18 Uhr (im Winter bis 17 Uhr), Sa, So 8.30–13.30 Uhr, Eintritt 3 Euro, www.ortobotanico.palermo.it*

Palazzo Mirto
Der prachtvolle Adelspalast im chinesischen Stil des 18. Jhs. ist ein Museum der Wohnkultur der sizilianischen Oberschicht. *Via Merlo 2, Mo–Sa 9–13.30, So 9–13 Uhr, Eintritt 2,50 Euro*

Palazzo dei Normanni und Cappella Palatina
★ Der ehemalige *Königspalast*, dessen Ursprünge bis ins 9. Jh. zurückreichen, ist seit 1947 der Sitz der sizilianischen Regionalregierung und des Regionalparlaments.

Die *Cappella* war die Hofkapelle und wurde von byzantinischen, normannischen und arabischen Künstlern gebaut. Das Innere ist vollständig mit Goldmosaiken und Steinintarsien bedeckt. Die Mosaiken sind Werke von Künstlern aus Konstantinopel. Das Mittelschiff wird durch eine von arabischen Meistern geschaffene Stalaktitendecke aus bemaltem Holz geschlossen. Im Altarraum stehen reich intarsiert der Königsthron Rogers II. (ital. Ruggero), der Osterleuchter, der als Kanzel dienende Ambo und der Hochaltar. Im oberen Stockwerk besitzt die Sala di Ruggero Mosaiken mit märchenhaften Tier- und Blumendarstellungen. Der Zugang erfolgt von außerhalb der Stadtmauer. *Piazza Indipendenza, Mo–Sa 8.30–12 u. 14–17, So 8.30–12 Uhr, Eintritt Sa–Mo 5 Euro, Di–Fr 4 Euro*

PALERMO UND DIE NORDKÜSTE

Porta Felice
Der *Cassaro,* die Längsachse der Altstadt, die den Palazzo dei Normanni mit dem Meer verbindet, endet an der barock gestalteten *Porta Felice,* wo sich seit Jahrhunderten Arm und Reich, Jung und Alt zum Abendspaziergang am Meer treffen. 🏃 Zahlreiche Buden laden dort zum Fisch- und Eisessen ein. Einen schönen Blick auf Küste und Altstadt genießt man von der *Passeggiata della Cattiva (tgl. 8–19 Uhr),* die erhöht auf der früheren Stadtmauer und am mächtigen Palazzo Butera entlangführt, in dem Goethe 1783 wohnte. Die *Piazza Marina* mit ihren 300 Jahre alten, riesigen Gummibäumen, dem mittelalterlichen Palazzo Chiaromonte und ihren 🏃 vielen Trattorien ist bis in die Nacht belebt.

San Giovanni degli Eremiti
Unterhalb des Normannenpalasts gibt die ehemalige Klosterkirche im üppigen Garten, wo immer Wasser plätschert, Palmen und exotische Blumen wachsen, eine Idee von der Üppigkeit des orientalischen Palermo und der arabisch geprägten Lebensweise der normannischen Oberschicht, zu der auch die Mönche privilegierter Klöster gehörten. *Mo–Sa 9–19, So 9–13 Uhr; Eintritt 4,50 Euro*

Teatro Massimo
Das vom Palermitaner Architekten G. B. Basile 1875–1897 errichtete Bauwerk ist ein Hauptwerk des sizilianischen Klassizismus und war nach der Pariser Opéra das größte Opernhaus Europas. Opernsaison Nov.–Mai. *Piazza Verdi, Führungen Di–So 10–15.30 Uhr; 3 Euro, www.teatromassimo.it*

La Zisa
Von arabischen Baumeistern errichtetes Lustschloss, in der Nähe des Kapuzinerkonvents. Das Innere, mit

Brunnen mit 133 m Umfang: die Fontana Pretoria vor Palermos Rathaus

PALERMO

Wasserbecken, die von Quellen gespeist werden, ist vorbildlich restauriert, der Saal hat eine wunderschöne Stalaktitendecke. *Mo–Sa 9–18.30, So 9–13 Uhr, Eintritt 2,50 Euro*

MUSEEN

Galleria Regionale della Sicilia
Im gotisch-katalanischen *Palazzo Abatellis* untergebracht, stellt das Museum die künstlerische Vergangenheit Siziliens vor. Zu den Hauptwerken gehören der »Triumph des Todes«, ein Freskenzyklus eines unbekannten katalanischen Meisters, die Büste der Eleonora d'Aragon von Francesco Laurana, ein Knabenkopf Antonello Gaginis sowie unter den Tafelbildern die eindrucksvolle »Verkündigung« von Antonello da Messina. *Mo–Sa 9–13.30, Di–Do 15–19.30, So 9–13.30 Uhr; Via Alloro, Eintritt 4,50 Euro*

Museo Archeologico
Das archäologische Museum befindet sich in einem früheren Kloster. In dem schönen Renaissancekreuzgang sind Grabstelen und Sarkophage ausgestellt. Die archaischen Metopen (Reliefplatten in Tempelgiebeln) aus Selinunt gehören wie der hellenistische Bronzewidder aus Syrakus zu den Hauptwerken griechischer Plastik. Im ersten Stock befindet sich eine umfangreiche Ausstellung antiker Kleinkunst und Keramik. *Mo–Fr 8.30–13.45 u. 15–18.45, Sa, So 8.30–13.45 Uhr; Piazza Olivella, Eintritt 4,50 Euro*

Museo Internazionale delle Marionette
Dieses Museum enthält eine Sammlung von Marionetten aus Sizilien, dem übrigen Italien und vielen Teilen der Welt. Abends (17.30 Uhr) finden oft Vorführungen mit Marionetten statt. *Mo–Fr 9–13 u. 16–19 Uhr; Via Butera 1, Eintritt 3 Euro*

Museo Pitrè
Das größte Museum für Volkskunst in Sizilien ist in der *Villa Cinese* untergebracht, einer königlichen Villa im chinesischen Stil. An bestimmten Tagen gibt es Marionettentheateraufführungen. *Sa–Do 8.30–19.30 Uhr, an Feiertagen geschl., Parco della Favorita, Eintritt 5 Euro*

ESSEN & TRINKEN

Antica Focacceria San Francesco
Inside Tipp
🏃 Garküche und Pizzeria in einem, mit Jugendstileinrichtung. *Di geschl., Via A. Paternostro 58, Tel. 091 32 03 64, €*

Cascinari
In die Trattoria nahe des Flohmarkts kommen Studenten, Händler, Arbeiter und leitende Angestellte gleichermaßen, genießen die ganz traditionelle Küche der Stadt. *Mo geschl., Via D'Ossuna 43, Tel. 09 16 51 98 04, €*

Kursaal Kalhesa
🏃 Mitten im Kalsa-Viertel, das immer mehr zum Treff wird, sind hier Restaurant, Pub, Buch- und Reiseladen unter einem Dach, wo heiß debattiert und sizilianisch gegessen wird. *Mo geschl., Foro Umberto 21, Tel. 09 16 16 22 82, €€*

Maestro del Brodo
Einst eine volkstümliche Suppenküche, jetzt deutlich feiner. Neben Suppen und gekochtem Fleisch können Sie hier Nudelgerichte mit

PALERMO UND DIE NORDKÜSTE

Gemüse und Fisch bekommen. *Di geschl., Via Pannieri 7 (Vucciria), Tel. 091 32 95 23, €*

Insider Tipp: Mulinazzo
Das Restaurant in *Bolognetta* [122 B2] an der Schnellstraße Palermo–Agrigento gilt schon seit Jahren als eins der besten Siziliens. *Tgl., Tel. 09 18 72 48 70, €€–€€€*

EINKAUFEN

Handwerkerstraßen
Das Viertel zwischen *Bahnhof, Via Roma, Piazza Cassa di Risparmio, Piazza Rivoluzione* und *Via Garibaldi* ist noch ein Stück altes Palermo mit Läden und Werkstätten, die ihre Produkte gleich selbst verkaufen, wie Hut- und Mützenmacher, Schneider für zeitlos unmodische und strapazierfähige Anzüge, Seiler und Kerzenhändler.

Märkte
Lebensmittelmärkte gibt es durchaus einige in der Altstadt. Doch keiner ist so vital, bunt und sinnenfreudig wie der ★ *Vucciria-Markt* zwischen der Via Roma und dem Hafen. Abgesehen von einer langen Mittagspause sind die Händler bis weit in den Abend aktiv. Palermos größter *Markt im Capo-Viertel* erstreckt sich um die Kirche Sant' Agostino und reicht in mehreren Straßen bis zum Teatro Massimo; der *Ballaró-Markt* umfasst das ganze Viertel um Porta Sant'Antonio, Chiesa del Carmine und Chiesa del Gesù. Der große *Non-Food-Markt*, auf dem überwiegend Kleidung und Haushaltswaren angeboten werden, erstreckt sich durch die Altstadt von der Piazza San Domenico bis zur Piazza Papireto.

ÜBERNACHTEN

Die Mehrzahl der Einfachhotels dient als Dauerquartier, viele sind verkommen und schmutzig.

Cortese
🏃 Dort, wo die Altstadt am lebhaftesten ist, sauber, preiswert, ein Treffpunkt junger Reisender. *20 Zi., Via Scarparelli 16, Tel./Fax 091 33 17 22, €–€€*

Letizia
In der Altstadt in einem ruhigen Innenhof, dicht an der Vucciria. *15 Zi., Via Bottai 30, Tel./Fax 091 58 91 10, www.hotelletizia. com, €€*

Massimo Plaza
Mitten im Zentrum in restauriertem Palast, lärmgeschützt, mit Privatparkplatz. *15 Zi., Via Maqueda 437, Tel. 091 32 56 57, Fax*

Köstliche Oliven, eine der Versuchungen beim Marktbummel

PALERMO

091 32 57 11, www.massimoplaza hotel.com, €€€

Posta
Angenehmes Familienhotel, in der Altstadt gelegen, sauber und ruhig. *27 Zi., Via Gagini 77, Tel. 091 58 73 38, Fax 091 58 73 47, www.hotelpostapalermo.it,* €€

Sausele
Am Bahnhof, altmodisch-korrektes Hotel einer sizilianisch-schweizerischen Familie. *36 Zi., Via Vincenzo Errante 12, Tel./Fax 09 16 16 13 08, www.hotelsausele.it,* €€

AUSKUNFT

APT
Piazza Castelnuovo 35, Tel. 09 16 05 83 51, Fax 091 58 63 38, www.palermotourism.com; weitere Infostelle im Hauptbahnhof

ZIELE IN DER UMGEBUNG

Bagheria [122 B1]
Um die Kleinstadt (48 000 Ew.), 16 km östlich von Palermo, standen im 18. und 19. Jh. die prächtigsten Villen der großen Fürstenfamilien. Berühmt durch das negative Urteil Goethes über den Geschmack des Erbauers, die »Raserei des Prinzen«, wurde die *Villa Palagonia* mit ihrer Monster- und Zwergengalerie im Garten *(April–Okt. tgl. 9–13 u. 16–19, Nov.–März 15.30–17.30 Uhr, Eintritt 3 Euro, www.villapalagonia.it).* Der neorealistische Maler Renato Guttuso richtete in der Villa Cattolica die *Galleria d'Arte Moderna* ein mit Werken sizilianischer Maler des 20. Jhs. *(Di–So 9.30–19 Uhr, im Sommer 10–20 Uhr, Eintritt 4,50 Euro).*

In der *Trattoria Don Ciccio* wird wie zu Großmutters Zeiten gekocht *(Mi, So geschl., Via del Cavaliere 87, Tel. 091 93 24 42,* €*).*

Corleone [122 B3]
Die Kleinstadt (11 000 Ew.), Heimat von Bossen und Paten, taucht in fast jedem Mafiaroman und Patenfilm auf. Und auch in der täglichen Berichterstattung von Presse und TV, obwohl der Clan der Corleonesen seine blutige Führungsposition innerhalb der Mafia erst in Palermo erobert hat. In den weiten, kahlen Hügeln erhebt sich die 1613 m hohe Felsbastion *Rocca Busambra*, deren Bergwälder und durch Grotten und Felsspalten zerklüftete Karsthochflächen als Versteck und »Friedhof der Mafia« galten. Sie sind durch gekennzeichnete Wanderwege erschlossen, die am Jagdschloss der Bourbonenkönige, *Bosco di Ficuzza,* beginnen. [Inside Tipp]

Unterkunft gibt es in der mit dem Auto erreichbaren Berghütte *Alpe Cucco* auf 1080 m *(18 Zi., 102 Betten, Tel./Fax 09 18 20 82 25, www.alpecucco.com,* €*)* mit guter Küche.

Mondello [122 B1]
🏃 15 km vor der Stadt liegt der Badestrand von Palermo, durch den Monte Pellegrino vor dem gröbsten Schmutz geschützt. Ein Teil der Jugendstilvillen mit schönen Gärten ist noch nicht durch Betonkästen verdrängt. Das *Splendid Hotel La Torre (166 Zi., Tel. 091 45 02 22, Fax 091 45 00 33,* €€*–*€€€*)* ist ein modernes Hotel über dem Meer, das *Conchiglia d'Oro (50 Zi., Tel./Fax 091 45 03 59,* €€*)* liegt ruhig in einer Seitenstraße. Das *Bye Bye Blues (Di geschl., Via Garofalo*

PALERMO UND DIE NORDKÜSTE

23, Tel. 09 16 84 14 15, €€) bietet seinen Gästen eine hervorragende Meeresküche. Ganz einfach ist das *Pace e Bene (Mi geschl., Via Mattei 17, Tel. 091 45 56 48, €)* mit Hausmannskost und Pizza.

Monreale [122 B1]

Der ★ *Dom von Monreale* (8 km westlich von Palermo) wurde als Benediktinerkloster 1174 von den Normannenherrschern gestiftet und mit riesigem Landbesitz in ganz Westsizilien ausgestattet. Er ist der größte und geschlossenste Sakralbau der Epoche. Zwei romanische Bronzetüren führen ins Innere, dessen Wände (6340 m²) vollständig mit Goldmosaiken bedeckt sind: Christus als Pantokrator und eine Bilderbibel, die Geschichten aus dem Alten und Neuen Testament erzählt *(Mai–Sept. tgl. 8–18 Uhr, Okt.–April tgl. 8–12.30 u. 15.30–18 Uhr)*. Der Kreuzgang *(Mo–Sa 9–19, So 9–13.30 Uhr; Eintritt 4,50 Euro)* holt mit den Tier- und Pflanzenornamenten seiner Kapitelle, mit seinem Garten und seinen Brunnen die Natur in die Weltabgeschiedenheit des Klosters.

Etwas außerhalb, in Panoramalage, steht das Hotel ↘ *Carubella Park (30 Zi., Tel. 09 16 40 21 88, Fax 09 16 40 21 89, €€)*. Nahe dem Domplatz gibt es in der *Taverna del Pavone (Mo geschl., Vicolo Pensato 18, Tel. 09 16 40 62 09, €€)* sizilianische Landküche.

Monte Pellegrino [122 B1]

★ ↘ Der 13 km vor der Stadt gelegene Hausberg von Palermo, 606 m hoch und dicht bewaldet, bietet eine großartige Aussicht über die Stadt und die Conca d'Oro. In einer natürlichen Höhle befindet sich die *Wallfahrtskirche der heiligen Rosalie,* der Schutzpatronin von Palermo.

Der Himmel auf Erden: die Goldmosaiken im Dom von Monreale

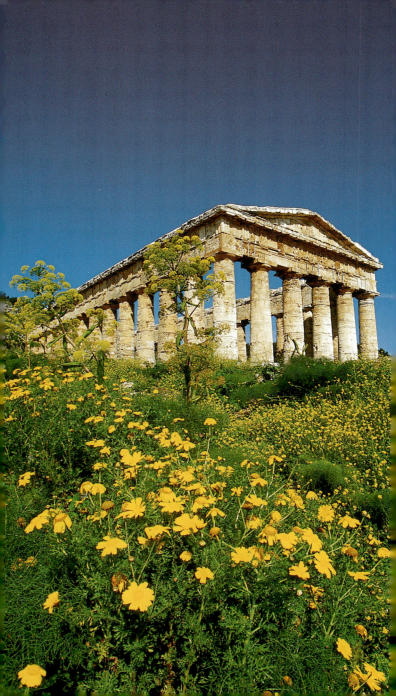

DER SÜDWESTEN

Antikes Pflichtprogramm

Von den endlosen Weingärten hinauf in baumlose Mondlandschaften, auch in touristisches Neuland

Der Westen und die Küsten im Süden zwischen Gela und Selinunt sind weitgehend touristisches Neuland, lediglich die Pflichtetappen wie die griechischen Tempel von Agrigent, Selinunt und Segesta kennen Massenandrang. Mehr als in jedem anderen Teil der Insel erleben Sie Weite und das Wirken der Naturelemente Sonne, Wind und Regen.

Im Norden zwischen Trapani und Alcamo begrenzen Felsberge, kahl wie Mondlandschaften, die weite Ebene, die sich mit ihren Salinen und endlosen Weinfeldern bis Marsala und Selinunt an die Südküste zieht. Dann schließt sich fast ebenso endlos ein welliges Berg- und Hügelland mit weiten Tälern an, wo die wenigen Stadtdörfer auf den Bergspitzen stehen. Schon im Frühsommer, nach einer üppigen, kurzen Blütezeit, wenn Mohn und Ginster im Grün von Brachland und Getreideäckern rot und gelb leuchten, ist das fast überall baumlose Land verbrannt, dessen lockere Wälder schon vor über 2000 Jahren der Rodung zum Opfer fielen.

Unvollendet, aber dennoch imposant und recht gut erhalten: der dorische Tempel von Segesta

AGRIGENT

[122 C5] Das antike Akragas, das mittelalterliche Girgenti und das *Agrigento* der letzten 30 Jahre sind drei Städte, die nicht wie sonst in Sizilien in Schichten übereinander liegen. Jede steht an ihrem Platz, auch wenn die Hochhäuser des neuen Agrigent (39 000 Ew.) den Blick auf das alte Girgenti und die antike Stadt im *Valle dei Templi* zum Teil versperren.

Vom Meer her kommend oder von der Küstenstraße 115 werden aus dem metallischen Grün des Olivenlaubs die gelbbraunen Säulen der Tempel sichtbar, dahinter aufsteigend die Silhouette der Hochhäuser, überragt vom Häuserberg der Altstadt, die aus demselben Stein gebaut ist wie die Tempel.

SEHENSWERTES

Altstadt
Urbanes Zentrum ist der palmenbestandene 🏃 *Piazzale Aldo Moro*, der den mittelalterlichen Stadtkern mit der modernen Stadt verbindet. Von hier und, noch entspannender, von den ☀ Parkanlagen des *Viale della Vittoria* aus haben Sie ein

AGRIGENT

großartiges Panorama über das Tal der Tempel und das Meer.

An der *Via Atenea* beginnen Sie einen Spaziergang und steigen gleich auf dem ersten, für Girgenti so typischen Treppenweg aufwärts zur Kirche *Santo Spirito*. Hinter deren gotischer Fassade verbergen sich eine barocke Stuckatur von Giacomo Serpotta und ein Kloster in romantischem Verfall (Kustode im Haus gegenüber). In der *Chiesa del Purgatorio* an der Via Atenea befindet sich ein großartiger ==Figurenzyklus der Tugenden== von Serpotta (Kustodin im Hof). An der höchsten Stelle der Altstadt steht der *Dom*. Er beeindruckt durch seinen großen, lichten Innenraum mit den achteckigen Pfeilern und einer reich geschnitzten Kassettendecke.

Insider Tipp

Valle dei Templi

★ Die antike Stadt und besonders ihre Tempelbezirke verstecken sich in Mandel- und Ölbaumhainen, die wohl bestellt sind. Am gewöhnlichen Zugang über die Staatsstraße 118, auf der auch die Stadtbusse verkehren, beginnen Sie Ihren Spaziergang in der Mitte des Plateaus.

Nach links steigt der Weg zu den zusammengebrochenen Steinmassen des *Herakles-Tempels* hinauf, von dem noch acht Säulen stehen. In der *Villa Aurea* ist ein kleines Museum untergebracht. Anschließend haben Sie einen freien Blick auf den *Concordia-Tempel* aus dem 5. Jh. v. Chr., der durch seine ausgewogenen Formen gefangen nimmt. Seinen hervorragenden Erhaltungszustand verdankt er einer christlichen Umwandlung in eine Kirche im 6. Jh. Den folgenden Weg zum *Tempel der Juno* mit seinen zur Hälfte noch stehenden Säulen am höchsten Punkt des alten Akragas können Sie direkt am Steilabfall entlangspazieren. Unterhalb sehen Sie das *Grabdenkmal des Theron* und können die Bedrohung des Tempelbezirks durch Erdrutsche an seinen Rändern notieren.

Zum Parkplatz zurückgekehrt, treten Sie nach rechts in die tiefer gelegene archäologische Zone ein. Der *Tempel des Olympischen Zeus* ist ein Haufen riesiger Steinblöcke und Säulentrommeln. Der durch ein Erdbeben zerstörte Tempel wurde nach dem Sieg über die Karthager bei Himera 480 v. Chr. begonnen und war mit 112 m Länge und 58 m Breite einer der größten antiken Tempel überhaupt. Die geschlossenen Außenwände wurden von Halbsäulen und gigantischen Trägerfiguren gegliedert. Am äußersten Rand der tiefer liegenden Ebene mit Resten eines heiligen Bezirks befinden sich das *Heiligtum der Erdgottheiten (Tempio delle divinità chtonie)* mit Opfergruben und der *Tempel von Castor und Pollux. 8.30–19 Uhr, Eintritt 4,50 Euro, mit Museum 6 Euro*

MUSEUM

Museo Archeologico Regionale
Hier sind Fundstücke aus dem alten Akragas und der frühgeschichtlichen Kultur der Völker Innersiziliens ausgestellt. In einer der Hallen ist ein Modell des 7,75 m hohen Telamon vom Zeus-Tempel zu sehen. Zum Museum gehört die romanische Klosterkirche *San Nicola*, wo der spätantike Phädra-Sarkophag steht, der die tragische Liebesgeschichte von Phädra und ihrem Stiefsohn Hyppolitos erzählt. *Tgl. 9–13, Di–Sa auch 14–19.30 Uhr;*

DER SÜDWESTEN

Eintritt 4,50 Euro, mit Ausgrabungen 6 Euro

ESSEN & TRINKEN

Da Carmelo
Dorftrattoria, in der es Schnecken, Kaninchen, Lamm und Zicklein gibt. *Mi geschl., Joppolo Giancaxio (12 km nördlich), Via Roma 16, Tel. 09 22 63 13 76,* €

Giovanni
In der Altstadt genießt man Fisch- und Gemüseküche in gepflegtem Ambiente. *So geschl., Piazza Vadalà, Tel. 092 22 11 10,* €€

Leon d'Oro
Familienlokal mit Garten am Strand von San Leone. Fisch, landestypisch zubereitet. *Tgl., Via Emporium 102, Tel. 09 22 41 44 00,* €€

ÜBERNACHTEN

Die meisten Hotels liegen im Neubauvorort Villaggio Mosè. Quartiere in der Altstadt und im Valle dei Templi unbedingt vorbestellen!

Agriturismo Fattoria Mosè
Gutshof aus dem 17. Jh.; Garten, Museum. *4 Zi., 6 Ferienwohnungen, Villaggio Mosè, Via Mattia Pascal 4, Tel./Fax 09 22 60 61 15, www.fattoriamose.com,* €€

Baglio della Luna
Im denkmalgeschützten Herrenhaus eines Weinguts im Valle dei Templi mit Blick auf das alte Akragas, große Panoramaterrasse. *27 Zi., Contrada Maddalusa, Tel. 09 22 51 10 61, Fax 09 22 59 88 02, www.bagiiodellaluna.com,* €€€

AUSKUNFT

AAST
Via Empedocle 73, Tel. 092 22 03 91, Fax 092 22 02 46

APT
Viale deila Vittoria 255, Tel. 09 22 40 13 52, Fax 092 22 51 85

MARCO POLO Highlights »Der Südwesten«

★ **Valle dei Templi**
Der Concordia-Tempel von Agrigent war für Goethe ein Götterbild (Seite 70)

★ **Eraclea Minoa**
Über schneeweißen Kreidefelsen liegt die bezaubernde antike Kleinstadt (Seite 76)

★ **Selinunt**
Die griechischen Tempel über dem Meer (Seite 74)

★ **Gibellina**
Ein Zentrum für moderne Architektur und kulturelle Initiativen (Seite 73)

★ **Erice**
Intakte mittelalterliche Kleinstadt (Seite 79)

★ **Segesta**
Einsam in der Berglandschaft ein griechischer Tempel und ein Theater (Seite 81)

MARSALA

ZIELE IN DER UMGEBUNG

Gela **[126 A4]**
Die 75 000 Ew. zählende Industriestadt 78 km östlich von Agrigent ist wegen der griechischen Stadtmauern am *Capo Soprano* einen Abstecher wert. Entsprechend der großen Bedeutung der Stadt in der Antike birgt das *Museo Regionale Archeologico* am Parco Rimembranza *(Di–So 9–13 u. 14–19 Uhr, Eintritt 3 Euro)* wertvolle Funde und eine bemerkenswerte Münzsammlung. Schön ist der Strand am Küstenkastell von *Falconara,* 20 km in Richtung Agrigent. Mit Liebe geführt wird das Hotel *Stella del Mediterraneo (12 Zi., Tel. 09 34 34 90 04, Fax 09 34 34 90 07, www.stelladelmediterraneo.it, €€)* über dem Kliff, mit Sandstrand. Auskunft: *AAST, Via Navarra Bresmes, Tel. 09 33 92 32 68, aastgela@tiscalinet.it*

Palma di Montechiaro **[122 C6]**
Die Familie des Romanautors Giuseppe Tomasi di Lampedusa besaß hier, 24 km östlich von Agrigent, ihren Stammsitz, der Palast ist aber nicht Schauplatz des »Leoparden«. 4 km sind es zur *Marina di Palma.* Dort ist auch eine Steilküste, die von einer Burgruine überragt wird.

In der 18 km entfernten Hafenstadt *Licata* bietet das **La Madia** *(Di geschl., Via Filippo Re 22, Tel. 09 22 77 14 43, €€)* eine der kreativsten Küchen Siziliens. Der junge Chef und seine Mitarbeiter haben einen Senkrechtstart hinter sich. *(Insider Tipp)*

**Realmonte
und Siciliana** **[122 B5]**
Zwischen Porto Empedocle und Sciacca verläuft die Hauptstraße 3–8 km von der Küste entfernt, zu deren einsamen Naturstränden Stichstraßen führen. Bei Realmonte stürzen die schneeweißen Sandsteinfelsen von *Capo Rosello* bis zu 90 m tief ins Meer. *Siculiana Marina* hat neben Felsküste gute, meist flache Sandstrände, die sich nach Westen bis Torre Salsa fortsetzen.

Gute Meeresküche serviert das *La Scogliera* an der Uferpromenade, *(Mo geschl., Tel. 09 22 81 75 32, €€).* Unterkunft in Ferienwohnungen und im Hotel *Paguro Residence (12 Zi., Tel./Fax 09 22 81 55 12, €€)* im Ort über dem Strand. Über den Dünen von Torre Salsa liegt der gleichnamige **Agriturismo** *(3 Apt., Tel. 09 22 84 70 74, www.torresalsa.it, €–€€).* *(Insider Tipp)*

MARSALA

[120 C4] Nach Westen läuft Sizilien ganz flach ins Meer aus. Im Stadtgebiet von Marsala (40 000 Ew.) liegt *Capo Lilibeo,* der westlichste Punkt der Insel. Marsala ist Vermarktungs- und Kellereizentrum für Westsizilien. Diese Rolle verdankt es dem Engländer John Woodhouse, der während der napoleonischen Herrschaft über Europa hier mit dem Marsala, einem Likörwein, Ersatz für das Lieblingsgetränk der vom Portwein abgeschnittenen Engländer fand

SEHENSWERTES

Altstadt
In den weit gehend intakten Stadtmauern aus dem 16. Jh. liegt eine wunderschöne Barockstadt, sie hat die fröhlichen und beschwingten Fassaden, wie sie typisch für die Städte im landwirtschaftlich rei-

DER SÜDWESTEN

Gibellina unter Zement: Mahnmal des Künstlers Alberto Burri

chen Westen von Sizilien sind. Die *Piazza della Repubblica* ist der Salon der Stadt: mit Arkaden und Loggia, einem Brunnen in der Mitte und dem Dom *San Tomaso*, in seinem Inneren eine Madonnenstatue von Domenico Gagini (1490). Kostbare flämische Gobelins aus dem Dom sind im *Museo degli Arazzi* ausgestellt *(Di–So 9–13 u. 16–18 Uhr, Piazza della Repubblica, Eintritt 1,50 Euro)*. Die Grundrisse eines römischen Stadtviertels sind hinter der *Porta Nuova* zu sehen.

MUSEEN

Enomuseo
Hier erfahren Sie vieles über Geschichte und Alltag des Weinbaus, von Kellerei und Weinhandel. *Tgl. 9–13 u. 15–18 Uhr, an der Straße Nr. 115 nach Mazara, Eintritt frei*

Museo Archeologico Baglio Anselmi
Reste eines punischen Schiffs, die 1969 im Flachmeer vor Marsala gehoben wurden, Funde aus der punischen und römischen Stadt sowie Grabbeigaben sind hier ausgestellt. *Tgl. 9–13.30, Mi, Fr–So auch 16–18.30 Uhr, direkt am Capo Lilibeo, Eintritt 2 Euro*

ESSEN & TRINKEN

Bacco's
Meeresküche mit Riesenauswahl. Von der Villa aus dem 18. Jh. Blick zu den Inseln, Salinen und zum Eryx. *Mo geschl., Via Trieste 5, Tel. 09 23 73 76 62, €€*

Garibaldi
Altstadttrattoria mit typischer Fischerküche. *Sa geschl., Piazza Addolorata 35, Tel. 09 23 95 30 06, €*

EINKAUFEN

Zahlreiche Kellereien bieten Weinproben an und verkaufen direkt.

ÜBERNACHTEN

Acos
Modernes Durchgangshotel mit gutem Restaurant, am Stadtrand. *35 Zi., Via Mazara 14, Tel. 09 23 99 91 66, Fax 09 23 99 91 32, www.acoshotel.com, €€*

ZIELE IN DER UMGEBUNG

Gibellina [121 E4]
★ Nach dem Erdbeben von 1968 im Belice-Tal entstanden erst einmal Barackenstädte, die zum Dauerzu-

MARSALA

stand zu werden drohten. Die staatlichen Hilfsgelder versickerten in den Taschen der Mafia und politischer Korruption. Die Bewohner des 45 km westlich von Marsala gelegenen Gibellina, deren Dorf zerstört war, kämpften gegen Entmutigung und Abwanderung an, demonstrierten in Rom und luden nicht nur Politiker zu sich ein, sondern auch Künstler, die mit Veranstaltungen Gibellina und seinen Wiederaufbau bekannt machten. Das alte Gibellina ist eine Trümmerwüste, teils überwuchert, teils als Mahnmal unter Beton versiegelt. Der neue Ort liegt 20 km entfernt; er ist ein urbanistisches Experiment mit beachtlichen Schöpfungen moderner Architektur, eine Wohnstadt mit viel Platz, Gärten und Lebensqualität. In der Schule befinden sich ein *Museum* über das alte Gibellina und eine *Galerie* mit Ausstellungen moderner Kunst *(Di–Sa 8–14, So 10–13 u. 16–19 Uhr, Eintritt 1,30 Euro)*. Auskunft: *Piazza 15 Gennaio 1968, Tel. 092 46 78 77, www.comunedigibellina.it*

Insider Tipp Der Thermalpark *Terme di Acqua Pia (Tel. 092 53 90 26, Fax 092 53 91 30, www.termeacquapia.it)* liegt an der Straße nach Montevago (20 km südöstlich) mit Pool, Wellnessbereich, Quellen, Park, Restaurant (€) und Gästehäusern *(26 Zi., 3 Apt., €–€€)*.

Mazara del Vallo [120 C4]

Die 22 km südöstlich von Marsala gelegene Stadt ist Italiens größter Fischereihafen und, dank Tausender nordafrikanischer Arbeiter, die auf den Booten die Knochenarbeit zu miserablen Löhnen machen, die Pforte zum Orient. Die Altstadt hat den Charakter einer Kasbah, weiß und kahl, staubig unter dem sonnenglühenden Himmel, nur von einzelnen Palmen überragt.

Nahe dem stinkenden Hafen, unter den Blumen der Uferpromenade, um die barocke Piazza, duftet der Fisch aus Topf und Pfanne. Die *Piazza della Repubblica* ist Höhepunkt barocker Platzgestaltung, die Innenausstattung des *Doms* ein Beispiel für die Meisterschaft sizilianischer Stuckateure, mit Gips, Blattgold und Farbe jedes beliebige Material zu imitieren. Gute Unterkunft bietet *Hopp's Hotel (188 Zi., Via Hopps 29, Tel. 09 23 94 61 33, Fax 09 23 94 60 75, www.hoppshotel.it, €€)*. Schmackhafte Meeresfrüchte und -fische serviert das *Pescatore* in gepflegtem Ambiente am Stadtrand *(Via Castelvetrano 191, Tel. 09 23 94 75 80, €€)*.

Selinunt [121 D5]

★ Auf einem Plateau über dem Meer, das zwei Talmulden gliedern, stehen die griechischen Tempel weithin sichtbar, zwei mit wieder aufgerichteten Säulen, die anderen als riesige Trümmerhaufen. Der größte Teil der antiken Stadt, 52 km südöstlich von Marsala, liegt bis zum heutigen Tag unsichtbar unter Feldern. Die Distanzen in der Ausgrabungszone und die Größe der *Akropolis*, die auf einem flachen Hügel zwischen den beiden versandeten Häfen an den Flussmündungen liegt, vermitteln die Größe dieser Stadt, deren Blüte aus dem Weizenhandel gerade 300 Jahre dauerte. *Tgl. 9–17 Uhr, Eintritt 4,50 Euro*.

Marinella heißt der nahe gelegene moderne Küstenort mit weiten Sandstränden besonders im Bereich der Belice-Mündung. Das Hotel *Alceste (26 Zi., Tel. 092 44 61 84, Fax 092 44 61 43, €)* ist ein ange-

DER SÜDWESTEN

nehmes Ferienhotel im Ort. Sehr gute und interessante regionale Küche bekommen Sie im Restaurant *Africa (Do geschl., Via Alceste 24, Tel. 092 44 64 56, €€)* an der Uferpromenade. Gut übernachten und auch essen können Sie direkt am Strand von *Porto Palo* **[121 D5]** bei *Vittorio (9 Zi., Tel. 092 57 83 81, € – €€)*.

SCIACCA

[121 E5] Wie eine orientalische Kasbah wirkt diese Häuserlawine (35 000 Ew.), die sich zum Fischereihafen ergießt. Die Altstadt ist ein verwinkeltes Fußgängerrevier, die Gassen sind vielfach gerade so breit, dass zwei Leute aneinander vorbeikommen. In die höheren Stadtteile führen Treppenwege, ihr Verlauf stammt weit gehend noch aus der arabischen Zeit. Eine Stadtmauer mit schönen Barocktoren umgibt die Altstadt. Die Prachtstraße ist der *Corso Vittorio Emanuele*, der über dem Steilabbruch zum Hafen liegt, ihn säumen Paläste und die Hauptkirchen. Der weite Platz vor dem Jesuitenkolleg ist der »Salon«, wo sich alle zum abendlichen *corso* treffen. Vorbei an der schönen barocken *Kathedrale* gelangt man zum *Stadtpark* und daran anschließend zu den *Thermalbädern* im Stil der Wende zum 20. Jh., als Sciacca mit seinen heißen Quellen und Dampffumarolen ein bedeutender europäischer Badeort war.

Eine skurrile Fortführung des Barock mit seinen zahlreichen grotesk übersteigerten Details hat im 20. Jh. ein naiv gestaltender Autodidakt in seinem eigenen Olivenhain unternommen, wo er Reihe für Reihe grob aus dem Stein modellierte Köpfe aufstellte. Sein *Castello Incantato (Eintritt frei)* vermachte er der Stadt Sciacca, und inzwschen ist es eine beliebte Sehenswürdigkeit mit im Gegensatz zu vielen Kirchen recht großzügigen Öffnungszeiten *(Mo–Sa 10.30–13.30 u. 16–19.30 Uhr)*.

In Selinunt gibt es acht Tempel: Tempel E war der Göttin Hera geweiht

SCIACCA

ESSEN & TRINKEN

Hostaria del Vicolo
Im oberen Teil der Altstadt; es gibt Fischgerichte und feinen Meeressalat. *Mo geschl., Vicolo Sammaritano 10, Tel. 092 52 30 71, €€*

ÜBERNACHTEN

Agriturismo Montalbano
Biohof an der Schnellstraße nach Palermo, mit Pool. *4 Apt., Tel./Fax 09 25 68 01 54, €*

Paloma Blanca
Einfach und sauber, nicht weit von den Thermen gelegen. *15 Zi., Via Figuli, Tel. 092 52 51 30, Fax 092 52 56 67, €€*

Villa Palocla
9 stilecht eingerichtete Zimmer in einem Landsitz aus dem 17. Jh. Mit Restaurant. *3 km von Sciacca, Tel./Fax 09 25 98 28 12, www.villa palocla, €€*

STRÄNDE & SPORT

Schöne, noch nicht vom Tourismus überlaufene Sandbuchten können Sie entlang der Straße nach Agrigent finden: *Torre Macauda, Torre Verdura* und *Secca Grande;* der Besuch des Letzteren lohnt sich besonders für Taucher. **Insider Tipp**

AUSKUNFT

AAST
Corso Vittorio Emanuele 84, Tel. 092 52 27 44, Fax 092 58 41 21

ZIELE IN DER UMGEBUNG

Caltabellotta [121 F5] **Insider Tipp**
Viele Orte Siziliens liegen abenteuerlich, aber keiner so wie Caltabellotta (19 km nordöstlich von Sciacca) unter einer Kette von Felsbastionen, aus deren Stein Burgen und Kirchen herauswachsen. Der Blick, besonders von den Ruinen der Burg, zu denen eine steile Treppe führt, umfasst einen großen Teil der Insel. Bei klarem Wetter blicken Sie bis zum Ätna, die ganze Südküste entlang und nach Norwesten bis zur Ebene von Trapani und dem Bergklotz von Erice mit den vorgelagerten Ägadischen Inseln.

Eraclea Minoa [121 F6]
★ Schneeweiß und 80 m tief brechen 33 km südöstlich von Sciacca die Kreidefelsen senkrecht ins Meer ab. Oben auf der Hochfläche liegen die Reste der antiken Stadt, deren *Theater* mit den in den weichen Stein gehauenen Sitzreihen unter Plexiglas vor weiterer Verwitterung geschützt wird *(tgl. 9–19 Uhr, Eintritt 2 Euro).* Unterhalb dieser Akropolis liegen zwei weite *Dünenstrände.* Der nördliche an der Mündung des Platani-Flusses ist Naturschutzgebiet, der andere mit Campingplatz und Ferienhäusern erschlossen.

Kunterbunt: Karneval in Sciacca

DER SÜDWESTEN

TRAPANI

 Karte in der hinteren Umschlagklappe

[120 C3] Wie ein langer Finger ragt die Stadt (62 000 Ew.) ins Meer, in ihrem Rücken erhebt sich senkrecht der Berg von Erice mit 750 m, im Süden breiten sich endlos und flach die Salinen aus mit den leuchtend weißen Salzbergen und Windmühlen, auf dem Meer liegen die Inseln, Bergschollen im Wasser. Hinter der langen Hafenfront verbirgt sich die weit gehend vom Barock geprägte Altstadt. Palastfronten und der Reichtum der Kirchen zeigen, dass Trapani für Jahrhunderte nach Palermo und Messina Siziliens Haupthandelshafen war. Einen schönen Innenhof mit Arkaden und Loggien besitzt der *Palazzo Riccio* aus der Renaissance, während die mit dem sizilianischen Adler und den beiden Uhren gekrönte Fassade des *Palazzo Cavarretto* die Hauptstraße, den *Corso Vittorio Emanuele*, optisch abschließt. Die Jesuitenkirche *Chiesa del Collegio* ist prunkvoll im Geschmack des Ordens gehalten.

Die Salinen vor der Stadt werden teils noch heute zur Salzgewinnung genutzt. Die Salzgärten mit einst über 60 Windmühlen sind Kulturdenkmäler einer nicht weit zurückliegenden Periode, als noch Hunderte von Menschen die Arbeit machten, die heute wenige Arbeiter mit Maschinen schaffen.

MUSEUM

Museo Regionale Pepoli
Im ehemaligen Kloster *Santuario dell'Annunziata* untergebracht, ist es eins der bedeutenden Museen für mittelalterliche und neuzeitliche Kunst Siziliens, u. a. besitzt es Werke von Antonello Gagini und ein Gemälde Tizians. Goldschmiedearbeiten und Korallenschnitzereien sowie Majolikavasen und -kacheln zeugen vom Können trapanesischer Meister. *Di–So 9–13, Sa/So auch 15.30–19 Uhr; Eintritt 2,50 Euro*

ESSEN & TRINKEN

Cantina Siciliana
Nicht weit vom Hafen, lebhaft, Meeresküche mit Couscous, Seeigel, Thun- und Tintenfisch. *Tgl., Via Giudecca 36, Tel. 092 32 86 73,* €€

Saverino
Direkt am kleinen Lungomare der *Tonnara di Bonagia* (8 km Richtung San Vito), schickes Design, in der Küche die Mamma mit den Töchtern. Mit 19 Hotelzimmern (€€). *Tgl., Tel. 09 23 57 30 70,* €€

ÜBERNACHTEN

Baglio Fontanasalsa
Großes Landgut aus dem 18. Jh. Mit Restaurant (€, Vorbestellung nötig). *8 Zi., an der Straße nach Marsala, Tel./Fax 09 23 59 10 01, www.fontanasalsa.it,* €€

Nuovo Russo
Korrekt geführtes Stadthotel im Zentrum, in Hafennähe. *35 Zi., Via Tintori 4, Tel. 092 32 21 66, Fax 092 32 66 23,* €€

AUSKUNFT

APT
Piazza Saturno, Tel. 092 32 90 00, Fax 092 32 40 04, www.apt.trapani.it

TRAPANI

ZIELE IN DER UMGEBUNG

**Ägadische Inseln
(Isole Egadi)** [120 A–B3]

Die drei vor der Küste gelegenen Inseln sind von Trapani aus mehrmals täglich mit Fähren und Tragflügelbooten erreichbar. Sie sind kleine Kalkschollen im Meer, das hier noch intakt ist und mit Klippen, Meeresgrotten und einer reichen Unterwasserfauna besonders Taucher anzieht. Die Inseln sind ruhig, Autoverkehr und ein großes Hoteldorf gibt es nur auf Favignana, aber auch dort mieten sich die meisten Gäste in kleinen Pensionen und privat ein.

Favignana (19 km², 33 km Küstenlänge, 3800 Ew.) ist noch heute eine der wichtigen Thunfischfangstationen. An den meist flachen Steinküsten wurde früher der weiche Kalktuff abgebaut und als Baustein verschifft. Geblieben sind die bizarren Formen dieser Steinbrüche direkt am Meer. Der größte Teil der Insel ist flach und mit Feldern bestellt, nur in der Mitte ragt der 314 m hohe *Monte Santa Caterina* auf, mit einer Festung auf dem Gipfel. Badebuchten mit ein wenig Sandeinspülung gibt es im Süden der Insel. Unterkunft und beste Meeresküche im Hotel *Egadi* **Insider Tipp** *(11 Zi., Via Colombo 17, Tel./Fax 09 23 92 12 32, www.hotelegadi.it, €€–€€€)*. Am Hafen gibt es mehrere Fahrradvermieter (das Rad ist ideal für die Inselerkundung).

Levanzo (6 km², 12 km Küstenlänge, 200 Ew.) ist ein 278 m hoher Felsrücken, der bis auf die Felder im ebenen Teil der Insel und die Terrassierungen über dem Hafendorf von dichter Macchia bedeckt ist. Die Küste ist schroff und felsig. In die *Grotta del Genovese* sind 15 000 Jahre alte Felszeichnungen von Menschen und Tieren eingeritzt *(Führung, 10 km Fußweg oder Bootsfahrt, Tel. 09 23 92 40 32, Giuseppe Castiglione)*. Einfache Unterkunft und gute Fischerküche

Mattanza

Das Meer färbt sich rot vor Blut

Jedes Jahr im April und Mai, wenn die Thunfischschwärme an Sizilien vorbeiziehen, findet die *mattanza* statt, der traditionelle Thunfischfang. Heute sind es nur noch wenige Hundert Tiere, die mit Booten in Buchten gedrängt werden, die von Netzen gesperrt sind. Dort werden die Fische mit Harpunen von den Booten aus erlegt. Früher waren es Tausende, die in diese Fallen getrieben wurden, und das Wasser färbte sich rot durch Ströme von Blut. Doch anders als der moderne Fang mit kilometerlangen Treibnetzen und schwimmenden Fischfabriken hat die *mattanza* den Thunfischbestand nie bedroht. Die Fische wurden in Meerwasser gekocht, in Öl eingelegt und konserviert. Heute wird der Fang von Favignana größtenteils tiefgefroren nach Japan exportiert, wo der Rote Thun sündhaft teuer und eine begehrte Delikatesse ist.

DER SÜDWESTEN

Wie in längst vergangenen Tagen: Schäferidyll auf den Ägadischen Inseln

gibt es im *Paradiso (Lungomare, Tel. 09 23 92 40 80, 15 Zi., €€)*.

Insider Tipp *Marettimo* (12 km², 19 km Küstenlänge, 700 Ew.) ist ein schroffer Gebirgszug, der sich bis 686 m hoch aus dem Meer erhebt. Anders als die beiden anderen Inseln, die vor 10 000 Jahren noch Festland waren, hat sich Marettimo schon vor 600 000 Jahren von Sizilien getrennt und besitzt so eine ganz eigene Pflanzenwelt, die im Frühling die sonst üppig grüne Insel in einen Blütentraum verwandelt. Leichten Zugang zum Meer gibt es vom Land her nur an wenigen Stellen, die großartigsten Buchten und Meereshöhlen erreicht man mit Booten (Touren ab Hafen). Unter Wasser ist Marettimo ein Traum. Zu Fuß führen Wanderungen auf Ziegenpfaden hoch über der Ostküste zur Burgruine *Punta Troia* und zum Leuchtturm an der noch wilderen Westküste. Die Trattoria *Il Veliero (Tgl., Tel. 09 23 92 32 74, €€)* ist der Inseltreffpunkt, und man isst gut und reichlich Fisch. Übernachtung in Privatzimmern, die Anbieter stehen am Hafen, wenn das Schiff einläuft.

Erice [120 C3]

★ Fast über dem Meer, aber in über 700 m Höhe schwebt 14 km nordöstlich von Trapani das mittelalterliche Erice mit seinen grauen Steinhäusern. Oft steckt es in den Wolken, auch wenn sonst über ganz Westsizilien die Sonne brennt. Hier verehrten die aus Kleinasien eingewanderten Elymer und Punier die Liebesgöttin Astarte, die Römer bauten ein großes Venusheiligtum an die Stelle, wo heute das *Normannenkastell* steht, und danach trat Maria die Nachfolge an. Man merkt, dass die Stadt zu einem großen Teil verlassen ist, aber die sonst so augenfälligen Zeichen des Verfalls fehlen. Denn sie ist Ziel vieler

TRAPANI

Sizilianer, die hier am Wochenende die kühlere Luft genießen. Und der Blick über die Ebene mit den Salinen, den Inseln des Flachmeers von Marsala, den Ägaden und der felsigen Küste von San Vito ist einmalig.

In alten Stadtpalazzi untergebracht sind die stilvollen Hotels *Elimo* (21 Zi., Tel. 09 23 86 93 77, Fax 09 23 86 92 52, www.charmerelax.com, €€€) und **Insider Tipp** *Moderno* (40 Zi., Tel. 09 23 86 93 00, Fax 09 23 86 91 39, www.pippocatalano.it, €€). Sehr gut essen können Sie im *Monte San Giuliano* (Mo geschl., Tel. 09 23 86 95 95, €€), wo es den berühmten *cuscus alla trapanese* gibt, und einfacher, mit Gerichten aus der Landküche, im *Ulisse* (Tgl., Tel. 09 23 86 93 33, €–€€), wo Sie in einem schattigen Garten sitzen können. Auskunft: *AAST, Viale Conte Pepoli 11, Tel. 09 23 86 93 88, Fax 09 23 86 95 44*

San Vito Lo Capo [121 D2]

Die 40 km lange Fahrt an der zerklüfteten Küste entlang ist großartig: nackter Fels in *Scurati,* neben noch bewohnten Bauernhütten verlassene Häuser, die in einer Riesenhöhle stehen. Tiefer im Land sehen Sie üppige Macchia und kleine, fruchtbare Felder. *San Vito,* das an einer flachen Sandbucht dicht beim Kap mit dem Leuchtturm liegt, hat sich um einen mächtigen Sarazenenturm entwickelt, der heute zur Kirche umgebaut ist. Die exponierte Lage, der Sandstrand und die bizarre Felsküste von Torre dell'Impiso, wo das Naturschutzgebiet *Zingaro* beginnt, haben es zum besuchten Ferienort gemacht.

Meeresküche bekommen Sie im *Tha'am* (Mi geschl., Via Abruzzi 32, Tel. 09 23 97 28 36, €€), übernachten können Sie dicht am Wasser im guten Hotel *Egitarso* (22 Zi., Tel. 09 23 97 21 11, Fax 09 23 97 20 62, www.hotelegitarso.it, €€) oder im Bed & Breakfast *Ai Dammusi* (2 Zi., Tel. 09 23 62 14 94, www.aidammusisanvito.it, €€), einem orientalischen Würfelhaus mit Gewölbedach, das direkt am Sandstrand liegt. Auskunft: *Rathaus, Tel. 09 23 97 24 64*

Scopello [121 D2]

Das von Mauern umgebene, 35 km von Trapani entfernte Geviert Scopello liegt über der Steilküste, es ist kaum mehr als ein befestigtes Gut inmitten der kargen Macchia. Unten schäumt das Meer in kleine Schotterbuchten, die von den *faraglioni,* hohen Felsklippen, überragt werden. Nach Norden beginnt das Naturschutzgebiet *Zingaro.*

Scopello selbst ist übrigens kein Fischerdorf, trotz der Nähe des Meers. Hier lebten schon immer Hirten. In den Häusern wohnen heute Kunsthandwerker, oder sie beherbergen kleine Landhotels; ganz ursprünglich, mit Familienküche: *La Tavernetta* (7 Zi., Tel./Fax 09 24 54 11 29, €€) und gleich daneben das umgebaute Bauernhaus mit Garten *Casa Vito Mazzara* (Tel. 09 24 54 11 35, €) mit 5 Gästezimmern und Apartments. Auf dem Berg in *Castello di Baida* können Sie Ferien auf dem Bauernhof mit einem Traumblick über die Küste machen bei **Insider Tipp** *Camillo Finazzo* (6 Zi. u. Apt., Tel./Fax 092 43 80 51 u. 32 96 19 97 98, €).

Zum **Insider Tipp** *Riserva dello Zingaro* [121 D2] führt eine Straße. Ins Naturschutzgebiet kommen Sie nur zu Fuß; vergessen Sie nicht die Bade-

DER SÜDWESTEN

sachen, es führen immer wieder Pfade zu Traumbuchten. Die gut angelegten Wege dürfen nicht verlassen werden, Hunde sind verboten. Der 7 km lange Weg an der Küste ist gekennzeichnet und einfach zu gehen, aber denken Sie an Wasser, Vesper und Sonnenschutz! *Information an den beiden Eingängen Scopello und Torre dell'Uzzo; sehr detailliert im Web: www.riser vazingaro.it, Eintritt inkl. Wanderkarte 3 Euro*

Bootsausflüge längs des Zingaro mit Wunschtouren unternimmt *Maurizio Omodei (Scopello, Tel. 09 24 54 11 01)*. Vom benachbarten *Castellammare del Golfo* **[121 D3]** fährt jeden Morgen die »Leonardo da Vinci« an der Küste entlang bis San Vito (Mittagspause) und zurück mit Badepause am Zingaro *(Juni bis Sept., Tel. 092 43 42 22, Abfahrt tgl. 8.30 Uhr)*. Meeresküche ganz frisch und vielfältig gibt es im *Ristorante del Golfo* mitten im Zentrum *(Di geschl., Via Segesta 153, Tel. 092 43 02 57, €–€€)*. Über Castellammares verwinkelter Altstadt steht mit Blick auf die Küste des Zingaro das Hotel *Al Madarig (33 Zi., Piazza Petrolo 7, Tel. 092 43 35 33, Fax 092 43 37 90, www.almadarig.com, €€)*

Segesta [121 D3]

★ In der Einsamkeit des Berglands, 41 km südöstlich von Trapani, liegen Theater und Tempel dieser sonst verschwundenen Elymerstadt, deren Bewohner die griechische Kultur und Lebensweise übernommen hatten. Der *Säulentempel* wurde wohl nie vollendet. Das höher gelegene *Theater* öffnet sich mit seinem Halbrund zum entfernten Meer und dem Tal unter-

Ein Plätzchen an der Sonne: malerische Bucht bei Scopello

halb von Alcamo. *Tgl. 9–18 Uhr, Eintritt 4,50 Euro*

Unterhalb von Segesta gibt es am *Fiume Caldo* Thermalquellen mit heißem Schwefelwasser, die am Ende einer tiefen Schlucht entspringen. Von der Straße nach Castellammare zweigt hinter der Brücke über den Fluss eine Straße zu den *Terme Segestane* ab *(Thermalschwimmbecken Fr–Mi 9–13 u. 16.30–24 Uhr, Eintritt 5 Euro)*. Die Bauern und die Jungen baden allerdings lieber in einer 300 m flussabwärts gelegenen Quelle …

LIPARISCHE INSELN

Vulkanische Märchenwelt

Entdecken Sie Höhlen und kleine Grotten, Klippen, Thermen und winzige Buchten

Als silbrig graue Kegel, die über dem Wasser schweben, zeigen sich die sieben Inseln von weitem; nähert sich das Schiff, zeigt sich deutlich ihr vulkanischer Ursprung. Die Meeresbrandung hat den weichen Tuff zernagt, die härtere Lava liegt in Blöcken an den fast immer steil ins Meer abbrechenden Ufern. Höhlen und kleine Grotten, Felsbögen und Nadeln, kleine vorgelagerte Klippen und winzige Strandbuchten bilden eine bisher unzerstörte Landschaft. Unter niedrigen Macchiasträuchern, Schilf und großen Grasbüscheln werden die Farben von Erde und Gestein sichtbar: Die Skala reicht vom blendenden Weiß des Bimssteins über erdige Töne zu leuchtendem Rot, Grün und dem tiefen Schwarz der Lava.

Besiedelt wurden die Inseln zum ersten Mal vor 6000 Jahren. Lipari besaß im Mittelmeer das größte Vorkommen an Obsidian, einem schwarz glänzenden vulkanischen Glas, aus dem bis in die Bronzezeit vor 3000 Jahren besonders scharfe Klingen, Pfeilspitzen, repräsentative Dolche und Äxte hergestellt wurden. Obsidian aus Lipari

Lavastrand auf Panarea

wurde bis nach Skandinavien, Südrussland und Ägypten exportiert. Um 1270 v. Chr. lockte der Reichtum der Inseln Eroberer vom Festland an, deren König Liparos den Inseln ihren Namen gab. Die Einheimischen nennen sie allerdings »Isole Eolie« nach dem griechischen Windgott Äolos, der in dieser sturmgepeitschten Ecke des Mittelmeers seinen Wohnsitz hat – bis heute. Nicht selten sind die Inseln durch Stürme für Tage von der Außenwelt abgeschnitten.

Besonders Lipari ist ein Paradies für Spaziergänger, Vulcano für Fans warmen Wassers, Salina ist die grüne Insel mit wunderbarem Wein, in Panarea treffen sich die Promis und ihr Gefolge, Stromboli lockt mit vulkanischen Feuergarben, Filicudi und Alicudi sind einsam, über und unter dem Wasser intakte Natur.

Von Hügeln umgeben: die verschachtelte Altstadt von Lipari

LIPARI

Netz-Wirrwarr und harte Arbeit: Fischer im Hafen von Lipari

Seit 1999 sind die Inseln Weltnatur- und -kulturerbe der Unesco.

Nur nach Lipari, Vulcano und Salina dürfen Motorfahrzeuge mitgebracht werden, allerdings nicht von Juni bis September. Mehrmals täglich verkehren Fähren und Schnellboote *(aliscafi* und *katamaran)* zwischen Milazzo und Lipari, das der zentrale Umsteigehafen für alle Inseln ist. Verbindungen und Fahrpläne unter *www.ifaraglioni. it/ragglipariit.htm*

»La cucina eoliana«, die Inselküche, war die Kunst bitterarmer Leute, von den kargen Erträgen der Landwirtschaft und Fischerei satt zu werden und das Essen als Lebensfreude zu genießen. Diese Küche geht bis heute sparsam mit den Zutaten um, die aus dem Meer und den kleinen Gärten kommen. Die Sonne, der salzige Meerwind und die Mineralien der Vulkanerde geben Tomaten, Auberginen, Zucchini und Grünzeug ein besonders intensives Aroma, verstärkt wird es noch durch den wilden Fenchel, Origano und die Kapern, die an keinem Gericht fehlen und in allen noch so unfruchtbaren Ecken der Inseln reichlich wachsen.

LIPARI

[124 C2] Die Stadt (4500 Ew.) mit ihren Mauern, barocken Fassaden und Turmhauben der Kirchen wird von dem massigen Felsklotz der *Akropolis* überragt. Die Häuser schmiegen sich in die beiden Hafenbuchten der *Marina Lunga,* wo die Fährschiffe anlegen, und der *Marina Corta,* dem lebendigen Aliscafi-Hafen. Hinter der Marina Corta, mit dem vorgelagerten Kapelleninselchen, den Bars und Restaurants auf der Piazza, öffnen sich die schmalen Gassen, die hinauf auf die Akropolis und in die Altstadt führen. Dann folgen die neuen Straßenzüge mit geradlinigen Straßen, Gärten, den meisten Hotels und der Hauptstraße, der *Via Vittorio Emanuele.*

LIPARISCHE INSELN

Umringt wird die Stadt von Hügeln mit Gärten und mühevoll terrassierten Feldern, die allerdings hier, wie noch stärker auf den anderen Inseln, mehr und mehr aufgegeben werden. Die Bauernhäuser sind weiße Kuben mit einem flachen Kuppeldach, in dem sich Regenwasser für die Zisternen sammelt und das im Sommer zum Trocknen von Getreide, Feigen und Nüssen dient. Vor dem Hauseingang befindet sich die Veranda, deren Schilfdach oder Pergola von runden Säulen aus Lavastein, heute oft auch aus Beton, getragen wird.

SEHENSWERTES

Akropolis
★ Die heutige Gestalt der Akropolis, der Oberstadt mit Kirchen und Palästen, stammt aus barocker Zeit. Zuvor diente sie dank ihrer Lage auf dem schroffen Felsenberg vor allem dem Schutz der Bewohner. Die solide mittelalterliche Stadtmauer hatte nur ein Tor zur Oberstadt. Heute ist die autofreie Akropolis Museum. Zwischen den Kirchen sind rekonstruierte frühgeschichtliche Grabmale und Befestigungsmauern zu sehen.

MUSEUM

Nationalmuseum
★ Die Liparischen Inseln waren in der Antike und Vorgeschichte eine Drehscheibe des Mittelmeerhandels. Die reichen Funde aus dieser Zeit, wie Steinwerkzeuge, Keramiken und Grabbeigaben, sind in den Palästen der Akropolis ausgestellt. Angeschlossen ist eine Abteilung über Vulkanologie. *Tgl. 9–13.30 u. 15–19 Uhr, Eintritt 4,50 Euro*

ESSEN & TRINKEN

E'Pulera
Insider Tipp
Äolisches Inselhaus in einem wunderschönen Garten mit Jasmin und Steintischen. Inselküche und kreative Variationen der traditionellen sizilianischen Meeresküche werden hier zubereitet. *Tgl., Via Diana 51, Tel. 09 09 81 11 58, €€*

Filippino
Hervorragende Inselküche, auf dem Platz unterhalb der Akropolis

---

MARCO POLO Highlights »Liparische Inseln«

★ **Stromboli**
Ein Schauspiel: der 924 m hohe aktive Inselvulkan (Seite 89)

★ **Vulcano**
Der Blick vom rauchenden Krater und ein Bad im heißen Schwefelwasser (Seite 91)

★ **Nationalmuseum**
Ein Rundgang durch Geschichte und Geologie in Lipari (Seite 85)

★ **Punta Milazzese**
An der Südspitze von Panarea steht ein vorgeschichtliches Dorf (Seite 90)

LIPARI

gelegen. *Mo geschl., Piazza Municipio, Tel. 09 09 81 10 02,* €€€

Le Macine
Inselhaus im Garten auf der Hochebene im Dorf *Pianoconte* mit phantastischem Blick und Meeresküche. *Tgl., Tel. 09 09 82 23 87,* €–€€

EINKAUFEN

Die *Via Vittorio Emanuele* ist die Flanier- und Einkaufsstraße. Hier gibt es hübsche Fummel und netten Schnickschnack. *Umberto Buceto* ist ein seriöser Antiquitätenhändler, bei dem man auch alten Schmuck und Repliken bekommt.

ÜBERNACHTEN

Agriturismo U Zu Peppino
Inselhaus mit Veranden, Restaurant und Blick auf die Westküste. *5 Zi., 2 Apt., Pianoconte, Tel. 09 09 82 23 30, Fax 09 09 82 23 91, www.uzupeppino.it,* €€

Camere Diana Brown
In einer Seitengasse des zentralen Corso Vittorio Emanuele. *4 Zi., Tel. 09 09 81 25 84, Fax 09 09 81 32 13, dbrown@netnet.it,* €–€€

Neri
Ländliches Inselhaus, in den Gärten über der Stadt gelegen. Familiär und sauber. *10 Zi., Via Marconi 43, Tel. 09 09 81 14 13, Fax 09 09 81 36 42, www.pensioneneri.it,* €€

Oriente
Die hundertjährige Villa steht in einem Garten und ist nur 5 Gehminuten vom Zentrum entfernt. *32 Zi., 9 Apt., Via Marconi 35, Tel. 09 09 81 14 93, Fax 09 09 88 01 98, www.hotelorientelipari.com,* €€

Villa Meligunis
Im Stadtzentrum gelegenes Hotel, in vorbildlich restauriertem Palazzo, komfortabel eingerichtet. *32 Zi., Via Marte 7, Tel. 09 09 81 24 26, Fax 09 09 88 01 49, www.villameligunis.it,* €€–€€€

STRÄNDE & SPORT

Zu den Inseln und den Badebuchten gelangt man ab der *Marina Corta (Aliscafi-Hafen, Viking, Tel. 09 09 81 25 84).*

Fahrräder und mehr verleiht *Roberto Foti (Via F. Crispi, Tel. 09 09 81 23 52, www.robertofoti.it.),* Surfbretter bekommen Sie im *Centro Nautico Eoliano (Salita S. Giuseppe 8, Tel. 09 09 81 26 91).*

Für alle, die es in die Tiefe des Meers zieht: Tauchschule *La Gorgania, Via Corta, Tel. 09 09 81 20 60 u. 33 55 71 75 67.* Dekompressionskammer im *Ospedale Lipari, Tel. 09 09 88 52 57.*

AM ABEND

Marina Corta
Der Platz vor dem Aliscafi-Hafen ist eine riesige Freiluftbar. Vor allem hier treffen sich auch die Einheimischen.

Turmalin
Abendrestaurant und Diskothek. *Piazza Municipio*

AUSKUNFT

AAST
Auskunftsstelle für alle Inseln: *Via Vittorio Emanuele 202, Tel.*

LIPARISCHE INSELN

09 09 88 00 95, Fax 09 09 81 11 90, www.aasteolie.info

ZIEL IN DER UMGEBUNG

Inselrundfahrt [124 C2]
Die Insel lässt sich auf einer 33 km langen Rundfahrt erkunden. Die Ostküste bietet die einzigen vom Land aus erreichbaren Strände, die Westseite der Insel ist schroffer.

Canneto ist ein lang gestrecktes Fischerdorf mit Schotterstrand. Das gemächliche Leben spielt sich längs des Strandes und in den zwei flachen Häuserreihen längs der beiden parallel verlaufenden Straßen ab. Dahinter steigt gleich steil der alte Lavafluss der Forgia Vecchia auf, wo in der Vorzeit Obsidian abgebaut wurde. Vor den verlassenen Bimssteinwerken führt ein Fußweg zur *Spiaggia Bianca*, Liparis begehrtestem Strand.

Hinter Acquacalda steigt die Straße auf die Hochfläche zu den kleinen, sehenswerten Ackerbauerndörfern ☼ *Quattropani* und *Pianoconte*, von wo aus bequem der Monte Sant'Angelo (594 m) und das – geschlossene – Thermalbad *Terme di San Calogero* erreichbar sind.

Am ☼ *Belvedere* haben Sie einen viel fotografierten Blick auf die Nachbarinsel Vulcano, mit den Bergketten Nordsiziliens im Hintergrund, die bei klarem Wetter vom rauchenden Ätna überragt werden. Der Abstieg zu Fuß nach Lipari führt auf Feldstraßen und Wegen über das Dorf *San Bartolo al Monte*, dessen hübsche Kirche am Beginn des Wegs nach Lipari steht.

Von der Straße zweigt ein steiler Fußweg ins Valle Muria ab und führt zum schmalen Geröllstrand *Spiaggia Muria* mit in den Fels gemauerten Fischerhütten. An der Kirche von San Bartolo beginnt ein markierter ☼ Höhenweg, der zum Observatorium und zur Südspitze der Insel führt und dann hoch über Ostküste wieder zurück nach Lipari.

Insider Tipp

SALINA

[124 B–C2] Die drei Inseln im Westen liegen abseits der großen Touristenströme. Salina wird auch die »grüne Insel« genannt, wohl wegen der aktiven Landwirtschaft, deren Haupterzeugnisse der Malvasier, ein Süßwein, und Kapern sind.

ESSEN & TRINKEN

A' Cannata
Am Strand von Lingua, dessen Leuchtturm die Südostspitze der Insel markiert. Meeresküche an langen Tischen in der Pineta (auch 8 einfache Zimmer). *Fr geschl., Tel. 09 09 84 31 61, www.portadelleeolie.it/cannata, €€*

ÜBERNACHTEN

Hotel Ariana
Jugendstilvilla in *Rinella* an der Südküste, mit einer Terrasse auf flachen Klippen direkt über dem Meer. *15 Zi., Tel. 09 09 80 90 75, Fax 09 09 80 92 50, www.hotelariana.it, €€–€€€*

Hotel Signum
Die große Villa im Ortskern von *Malfa* wurde zum Viersternehotel ausgebaut; gute Küche. *30 Zi., Tel. 09 09 84 42 22, Fax 09 09 84 41 02, www.hotelsignum.it, €€€*

SALINA

STRÄNDE & SPORT

Kieselstrände im Osten, sonst fast ausschließlich Fels- und Steilküste, die vom Land her nur an wenigen Stellen (Punta di Scario bei Malfa, Pollara und Rinella) zugänglich ist.

Fossa delle Felci [124 B–C2]
Von 0 auf 962 m. Der gut erkennbare, zum Teil markierte Wanderweg beginnt am Hafen *Santa Marina Salina* und führt als steiles Zickzack auf den längst erloschenen Vulkangipfel, den höchsten Gipfel der Äolischen Inseln mit Riesenpanorama, von dort Abstieg nach Leni und Rinella. In dem aus wenigen Würfelhäusern bestehenden *Pollara* und in den in Felshöhlen gegrabenen Fischerwohnungen am winzigen Strand drehte Michael Radford 1995 den Kultfilm »Il Postino« mit Philippe Noiret als Pablo Neruda.

Insider Tipp

ZIELE IN DER UMGEBUNG

Alicudi und Filicudi, die beiden Inseln im Westen, haben sich stärker als die Nachbarinseln entvölkert. Die bescheidene Schaf- und Ziegenhaltung, Wein- und Getreideanbau lohnten nicht mehr, touristisch sind sie sehr schöne Mauerblümchen, wohl auch wegen der großen Distanz zu den Nachbarinseln, die Tagesausflüge erschwert.

Alicudi [124 A1]
Sie steigt als perfekt geformter Vulkankegel aus dem Meer und ist eine Insel für Freunde absoluter Ruhe – es gibt gerade noch 40 Bewohner. Unterkunft und Essen finden Sie bei Familien oder im einzigen Hotel der Insel. Die Häuser, die meisten verlassen, stehen in Terrassenfeldern längs des Hauptwegs, der vom Hafen bis unter den 675 m hohen Gipfel führt.

Wenige Schritte vom Hafen Alicudi entfernt liegt das *Hotel Ericusa* mit 12 einfachen Zimmern; im Restaurant gibt's immer frischen Fisch. *Mai–Sept., Tel. 09 09 88 99 02, Fax 09 09 88 96 71, €€. Ca. 70 Min. von Salina mit dem Katamaran*

Filicudi [124 A–B2]
Die Insel ist trocken, fast nur von hohem Gras und Rohr bewachsen, die meisten Terrassenfelder werden nicht mehr bestellt. Am Hafen *Filicudi Porto* beginnt ein langer, recht breiter Geröllstrand, der sich bis an die Steilküste des Capo Graziano hinzieht, wo oben auf der Bergspitze die Mauern von Rundhütten eines vorgeschichtlichen Dorfs stehen. Eine Straße führt auf die Hochebene mit Feldern und Häusergruppen zum Hauptort der Insel, *Pecorini,* und hinunter zum Hafen und Strand von Pecorini Mare. Der größte Teil der Küste mit Meeresgrotten, Klippen und Felsnadeln erschließt sich nur vom Boot aus.

Das Restaurant *Villa La Rosa* besitzt 3 schöne Gästezimmer, und die Küche von Signora Adelaide gehört zum Besten auf den Inseln, neben Meeresgetier gibt's Kaninchen und eigenes Brot *(Via Rosa, Rocca Ciauli, Filicudi, Tel. 09 09 88 99 65, www.villarosa.it, €€).* Sehr schön liegt das Hotel *La Canna* in Rocca Ciauli auf der Ebene über Filicudi Porto *(8 Zi., Tel. 09 09 88 99 56, Fax 09 09 88 99 66, www.lacannahotel.it, €€).*

Das *Apogon Diving Center* im Hotel Phenicusa in Filicudi Porto bietet Tauchen, Kurse, Ausrüstung,

LIPARISCHE INSELN

Leben auf dem Vulkan: Der Stromboli ist ständig in Aktion

Flaschenfüllen *(Tel. 34 73 30 71 85)*. Ca. 35 Min. von Salina mit dem Katamaran

STROMBOLI

[125 D1] ★ Abseits von den übrigen Inseln im Norden liegt diese Insel (350 Ew.) mit ihrem aktiven Vulkan, über dessen Gipfel immer eine dünne Rauchfahne schwebt. Die wenigen Häuserwürfel von *Ginostra* im Süden sind Italiens abgeschiedenste Siedlung. Im Norden ziehen sich die Häuser längs der einzigen Straße hin; auf jeder Anhöhe steht eine Kirche mit weithin sichtbarer Fassade, Mittelpunkte für die drei Inseldörfer *San Vincenzo, Ficogrande* und *Piscità*.

Am Leuchtturm beginnt ein gepflasterter Weg durch hohes Schilf, der in einen unbefestigten Pfad übergeht mit einigen gefährlichen Stellen; er führt zum Gipfel. Die Gruppen brechen meist nachmittags auf, um vor Sonnenuntergang oben zu sein und das nächtliche Schauspiel der Glutgarben zu genießen, die in dichten Abständen aus dem Krater geschleudert werden. Die Begleitung durch Bergführer, die auch Helme stellen, ist vorgeschrieben, Taschenlampe und Ersatzbatterien, warme und winddichte Kleidung mitnehmen! Virtuelle Wanderungen im Internet: *www.educeth.ch/stromboli*

Insider Tipp

ESSEN & TRINKEN

La Lampara
Freiluftpizzeria mit großer Terrasse und original neapolitanischem Pizzabäcker. *Tgl., Via Vittorio Emanuele, Ficogrande, Tel. 090 98 64 09,* €

Punta Lena
☝ Feinste, leichte Inselküche, Terrasse mit Pergola und Superblick. *April–Okt. tgl., Via Marina 8, Tel. 090 98 62 04,* €€€

ÜBERNACHTEN

Übernachten ist teuer. Wenn die Schiffe ankommen, stehen meist

STROMBOLI

Vermieter von Privatzimmern am Anleger. Ganz einfache Quartiere kosten ab 25 Euro/Person in der Vor- und Nachsaison.

Francesco Aquilone
Kleine Pension nicht weit von Platz und Kirche in San Vincenzo, üppiger Zitronengarten, familiär, Essen wie beim Fischer. *5 Zi., Via Vittorio Emanuele 29, Tel. 090 98 60 80, www.netnet.it/aquilone,* €€

Sirenetta
1950 wohnten Ingrid Bergmann und das Filmteam von Roberto Rosselinis »Die Erde bebt« in der damals noch sehr bescheidenen Herberge. Heute besitzt die Anlage am Strand von Ficogrande 55 komfortable Zimmer. *April–Okt., Tel. 090 98 60 25, Fax 090 98 61 24, www.lasirenetta.it,* €€€

STRÄNDE & SPORT

Den drei Dörfern an der Nordküste ist ein langer Strand mit Geröll, Kies und stellenweise auch tiefschwarzem Sand vorgelagert.

Magmatrek
Kooperative von Vulkanführern (auch deutschsprachig) in der *Via Vittorio Emanuele, Tel./Fax 09 09 86 57 68, www.magmatrek. it.* Im Sportladen *Totem (Piazza S. Vincenzo, Tel. 09 09 86 57 52)* gibt es entsprechende Ausrüstung zum Kaufen und Leihen.

ZIEL IN DER UMGEBUNG

Panarea [124 C2]
Panarea ist die kleinste und feinste der Inseln – besonders im Sommer drängeln sich dort VIPs und ihr Anhang aus Szene, Wirtschaft und Finanzwelt. Die Insel ist von zahlreichen Klippen und Inselchen umgeben, die als Rest eines eingestürzten Vulkans aus dem Meer ragen. Die drei Orte *Ditella, San Pietro,* wo sich der Hafen befindet, und *Drauto* gehen ineinander über, staffeln sich schön über der tiefschwarzen Klippenküste. Die Westküste ist unzugänglich, während an der Ostküste ein Weg, in Orten auch eine schmale Straße von den Fumarolen mit heißem Dampf im Norden bis ★ *Punta Milazzese* im Süden führt. Dort stehen auf dem Plateau der kleinen Halbinsel 20 m hoch über dem Meer die Hausmauern eines vorgeschichtlichen Dorfs, das aus Rundhütten bestand. Ein Weg führt in die traumhafte Felsenbucht *Cala Junco* mit den schönsten Farbreflexen, die kleine ihr vorgelagerte Insel und die Steilküste sind ein sehr guter Platz zum Baden und Tauchen.

Großes Können in der Küche mit einfachen Zutaten erlebt man bei *Da Pina* mit großer Veranda und Garten *(6 Zi., Via San Pietro 3, Tel. 090 98 30 32, Fax 090 98 31 47, Essen* €€€, *Zimmer* €€–€€€*)*. Das *Hycesia* und seine Meeresküche sind familiär und für Panarea erschwinglich *(März–Okt., 8 Zi., Tel. 090 98 30 41, Fax 090 98 32 26, www.hycesia.it, Essen* €€, *Zimmer* €€–€€€*)*. Das Hotel *Raya,* eine Terrassenanlage mit Gärten, ist im Inselstil gebaut. Obwohl nur mit 2 Sternen dekoriert, zieht seine Einfachheit die Reichen magisch an. Boutique, Freiluftdisko *(April–Okt. 29 Zi. Tel. 090 98 30 13, Fax 090 98 31 03, www.hotelraya.it,* €€€*)*. 30–35 Min. von Stromboli mit dem Katamaran

LIPARISCHE INSELN

VULCANO

[124 C3] ★ Die Bade- und Urlaubsinsel (450 Ew.) verdankt ihre Beliebtheit den beiden Strandbuchten *Porto Levante* und *Porto Ponente*, wo es neben Klippen sogar Sand gibt und heiße Fumarolen, die nicht nur an einigen Stellen das Meerwasser aufheizen, sondern mit dem Heißwasser- und Fangobecken des *Acqua del Bagno* einen frei zugänglichen Thermalbetrieb möglich machen. Zum Hauptkrater, dem *Gran Cratere,* führt ein gekennzeichneter Wanderweg. Fahnen beißenden Schwefelrauchs zeigen an, dass er zwar ruht, aber im Inneren ein noch aktiver Vulkan ist, der wieder ausbrechen kann, wie es zuletzt 1888 geschah. Ins Innere der Insel, nach *Piano,* führt eine ☼ Straße in Panoramalage auf der Hochebene; weiter geht es über ein Serpentinensträßchen zum ☼ *Leuchtturm von Gelso* ganz im Süden mit großartigem Blick auf die Nordküste Siziliens.

ESSEN & TRINKEN

Da Maurizio
Hier wird kreative Meeresküche serviert. In der Nähe des Hafens. *Tgl., Tel. 09 09 8424 26,* €€

Maria Tindara
Oben auf dem Berg in Piano, ganz traditionell mit Kaninchen, Lamm und hausgemachten Nudeln. *Tgl., Tel. 09 09 85 30 04,* €€

ÜBERNACHTEN

Garden Vulcano
Ehemaliges Kapitänshaus mit einer reichen Sammlung von Erinnerungsstücken aus aller Welt. Gäste haben Gratiszugang zum Thermalpool der Terme di Vulcano. *36 Zi., Porto Ponente, Tel. 09 09 85 21 06, Fax 09 09 85 23 59, www.hotelgardenvulcano.it,* €€– €€€

Rojas Bahia
Nicht weit vom Strand in Porto Levante. *April–Sept., 28 Zi., Tel./Fax 09 09 85 20 80,* €€– €€€

Da erwacht das Kind im Mann: Schlammbad am Strand von Vulcano

AUSFLÜGE & TOUREN

Zu Wein, Weizen, Salz und Schwefel

Die Touren sind in der Karte auf dem hinteren Umschlag und im Reiseatlas ab Seite 120 grün markiert

1 VIA DEL SALE

Von Trapani führt auf Nebenstraßen längs der Küste die »Via del Sale«, die »Salzstraße«, nach Marsala. So präzise die Grenzen von Wasser und Land vom flach am Meer abbrechenden Kalkstein auch gesetzt werden, für das Auge gehen Himmel, Salinen, die Lagunen und die flachen Inseln mit ihren Pinienreihen und verlassenen Häusern ineinander über: eine Landschaft für Sehnsüchte. Aus der Ebene steigt der zerklüftete Felsklotz des Eryx ebenso unvermittelt auf wie die drei Inseln aus dem Meer, Favignana, Levanzo und Marettimo. Die Route ist zwar nur 55 km lang, doch um ausreichend Zeit für die Insel Mozia zu haben, sollten Sie einen ganzen Tag dafür freihalten und nicht vergessen, etwas fürs Picknick mitzunehmen.

Der lange, heiße Sommer und die fast immer vorhandene Brise be-

Sanft geschwungene Hügellandschaft bei Enna

günstigen die Industrie, die hier seit Jahrhunderten im Einklang mit der Natur aus Wasser, Sonne, Wind und menschlicher Arbeit Salz gewinnt. Von 1960 an wurde eine Saline nach der anderen geschlossen, und die Windmühlen zerfielen. Als 1984 die Salzgärten Erdölraffinerien weichen sollten, engagierten sich Naturschützer für den Erhalt dieser einzigartigen Landschaft und die Wiederinbetriebnahme eines Teils der Salinen mit ihren Windmühlen. Heute wird etwa die Hälfte der früheren Fläche wieder bewirtschaftet. Zwei Anlagen beherbergen Museen, fünf Windmühlen wurden restauriert. Diese Mühlen trieben die Pumpen für die Salzsole an und die Mühlsteine zur Zerkleinerung der Salzbrocken.

Auch wenn heute Maschinen einen Teil der Handarbeit übernommen haben, wird hier im Unterschied zu anderen Salinen in Italien noch viel von Hand gearbeitet. Der Salinenbetrieb ist ein Teil des Naturschutzprojekts, das 1995 beim Wettbewerb um den Preis »Tourismus und Umwelt« der Europäischen Union den zweiten Platz der italienischen Kandidatenliste belegte. Die Erhaltung der Salinen und

Traditionelle Salzgewinnung in den Salinen bei Trapani

die Restaurierung der Mühlen finanzieren sich teilweise durch die Salzgewinnung und beschäftigen Menschen, die hier drei bis vier Monate arbeiten, bevor sie im Herbst und Winter als Saisonarbeiter bei der Weinlese und Olivenernte im unmittelbaren Hinterland in Lohn stehen.

Sie nehmen in *Trapani (S. 77)* die Nebenstrecke nach Marsala (Ausschilderung Richtung Flughafen/Birgi, später auch »Via del Sale«). Hinter der Autobahnauffahrt zweigt eine Stichstraße zur *Salina Galia* ab, wo die Becken überwiegend der Fischzucht dienen und Reiher, Löffler, Austernfischer und im Sommer auch Flamingos anlocken, die hier als Zugvögel einige Monate lang bleiben.

5 km südlich von Trapani führt eine Straße zur *Salina di Nubia*. Dort sind im *Museo del Sale (tgl. 9.30–13.30 u. 15.30–18.30 Uhr, Eintritt 2 Euro)* Werkzeuge, Fotos und Modelle ausgestellt, die den Ablauf der Salzgewinnung zeigen. Der Besitzer der Saline, Alberto Culcasi, bereitet, wenn er wenigstens zehn Gäste hat, auch Gerichte mit frischem Fisch aus den Salinenbecken oder das einfache Essen der Salzarbeiter: Brot mit Tomaten; Sardinen, Käse, Oliven, Wein und natürlich Salz *(Tel. 09 23 86 74 42, €)*.

Im März wird bei hohem Wasserstand frisches Meerwasser in das erste Becken gefüllt, in dem auch die Speisefische gezüchtet werden. Nach der ersten Verdunstung wird das Wasser in ein flacheres Nachbarbecken abgelassen und von dort, wenn die Salzkonzentration weiter gestiegen ist, in eine Reihe kleiner Becken hinaufgepumpt, in denen die Verdunstung schrittweise bis zur Kristallbildung stattfindet. Nach drei Monaten wird das Salz »geerntet«, zur weiteren Verdunstung aufgehäuft und bleibt dann unter Tonziegeln gegen den Winterregen geschützt bis zum darauf folgenden Frühjahr liegen. Dabei verdunstet ein großer Teil des Wassers, das noch im Salz enthalten ist.

AUSFLÜGE & TOUREN

Zurück auf der Hauptstraße, folgen Sie ihr Richtung Marsala, bis Sie hinter dem Flughafen in die Straße nach *Birgi Novo* einbiegen, einem Dorf mit flachen Häusern inmitten von Weingärten. Man fährt dann auf einer schmalen Straße südwärts immer am Ufer der Lagune entlang, die zwischen 30 cm und 4 m tief ist, eine reiche Unterwasserflora besitzt und zahlreiche Wasservögel anzieht. Auf der Höhe der Insel Mozia befindet sich die größte der noch aktiven Salinen, *Insider Tipp* *Ettore Infersa* *(tgl. 9–16, im Sommer bis 18 Uhr, Eintritt 3 Euro, www.salineettoreinfersa.com)*. Hier haben Sie Gelegenheit zur Besichtigung der Salzgärten, eines Museums und einer Mühle, und Sie können Salz kaufen. Davor fahren die Boote nach Mozia ab *(9 Uhr bis 2 Std. vor Sonnenuntergang, 4 Euro)*. Sie können auch *Kanus* für Fahrten in der Lagune und zu den Inseln mieten *(Ein- und Zweisitzer, 6 Euro pro Std.)*. Fisch aus den Salinen und der Lagune bekommen Sie im *Ristorante Mothia (Tgl., Tel. 09 23 74 52 55, €)* beim Anleger.

Mozia ist mit Pinien, Palmen und Weingärten bestanden. Die Insel war bis zu ihrer Zerstörung durch die Griechen 397 v. Chr. eine befestigte phönizische Hafenstadt, von der noch beachtliche Reste zu sehen sind. Man kommt zu Fuß in zwei, drei Stunden einmal um die Insel herum. Im Süden sind Becken und Mauern des 2500 Jahre alten Hafens zu sehen, im Norden das Urnengräberfeld mit roh gearbeiteten Grabsteinen, den *Tophet*, und der Ausgrabungsbezirk *Cappiddazzu*, ein monumentaler Tempel der Tanit, neben Baal Hauptgottheit Karthagos, das die Insel zum Stützpunkt ausbaute. Vom *Tempel* sind Fundamentreste, Mauern und Mosaiken erhalten. Außerdem findet man die Mauern des alten *Stadttors*, das zur *Strada Punica* hinausführt, einer heute noch während der Weinlese von Karren befahrenen Straße mit großen Steinblöcken, die auf dem Grund der Lagune nach Birgi führt.

In der Villa des englischen Weinmagnaten Joseph Whitaker ist heute das *Museum* mit Funden aus der punischen Vergangenheit von Mozia und Marsala untergebracht. Sein Glanzstück ist eine lebensgroße Marmorfigur: der *Ephebe von Mozia,* eine griechische Arbeit aus dem 5. Jh. v. Chr., die einen Jüngling mit eng gefälteltem Gewand darstellt. Zahlreiche Kleinkunstwerke aus dem Ägypten der Pharaonen belegen ebenso wie die prachtvollen griechischen Vasen aus den unteritalienischen Städten, aber auch aus Attika und Korinth, die weit reichenden Handelsbeziehungen der Inselstadt *(Museum und archäologische Zonen tgl. 9–15, März–Sept. bis 19 Uhr, Eintritt 6 Euro)*.

Die Straße nach *Marsala (S. 73)* folgt weiter der Küste mit Fischersiedlungen und Ferienhäusern. Am *Capo Lilibeo,* dem westlichsten Punkt Siziliens, erinnert eine Gedenksäule an die Landung Giuseppe Garibaldis und seiner tausend Gefährten am 11. Mai 1860, die den Zusammenbruch des Bourbonenkönigreichs von Neapel und Sizilien und die Einigung Italiens einleitete.

Information: *APT Trapani, Via San Francesco d'Assisi 27, Tel. 09 23 54 55 11, Fax 09 23 54 55 17, www.apt.trapani.it*

2 WEIZENFELDER UND SCHWEFELMINEN

Die Region um Caltanissetta war zwischen 1720 und 1920 ein Industriegebiet. Rund 80 Prozent des Schwefels weltweit wurden hier gefördert, als Rohstoff für Schießpulver und die wachsende Chemieindustrie war er unentbehrlich. Dann brach das sizilianische Monopol zusammen, denn die Konkurrenz aus den USA war viel billiger. Heute sind die endlosen Hügel- und Bergketten wieder Weizenland, wie sie es in der Antike waren, als Innersizilien die Kornkammer der Römer war. Die Route, für die Sie mindestens einen vollen Tag einplanen sollten, führt in 200 km von Enna, dem »Nabel Siziliens«, über Caltanissetta nach Agrigent, meist auf wenig befahrenen Nebenstraßen.

Die Staatsstraße Nr. 121 führt von *Enna (S. 45)* in das weite Tal des *Fiume Salso*. Die Autostrada windet sich hier auf bis zu 10 km langen Brücken durch die Landschaft. Aus den baumlosen Hügeln ragen da und dort bizarre Felsspitzen heraus, Akzente in der kahlen Unendlichkeit, ebenso wie die verlassenen Fördertürme und Fabrikgebäude der Schwefelhütten. Im Bahnhof von *Villarosa* ist das *Bergbau- und Eisenbahnmuseum* untergebracht *(Di–So 9.30–12.30 u. 16.30–19.30 Uhr, Tel. www.treno museovillarosa.com, Eintritt 2,50 Euro)*, in der ==Trattoria La Littorina== *(€)* gibt es handfeste Nudel- und Fleischgerichte.

Caltanissetta war Zentrum des Bergbaus, an das *Mineralogische Museum (Viale della Regione 73, Mo–Sa 9–13 Uhr, Eintritt frei)* erinnert. Das *Altstadtviertel* zwischen den Hauptstraßen Corso Umberto und Corso Vittorio Emanuele erinnert mit seinen Marktständen, Garküchen und engen Gassen, mit seinen Gerüchen, den Farben und dem Geschrei ein wenig an orientalische Basare. Interessant essen können Sie im *Vicolo Duomo (So geschl., Vicolo Niviera 1, Tel. 09 34 58 23 31, €)* in der Altstadt. Zum Übernachten empfiehlt sich das auch in der Altstadt gelegene *Hotel Plaza (21 Zi., Via Gaetani 5, Tel./Fax 09 34 58 38 77, www.ho telplazacaltanissetta.it, €€)*. Auskunft: *AAPIT, Via Testasecca 20, Tel. 093 42 10 89, www.aapit.cl.it*

Oberhalb der Stadt, an der Ausfahrt Richtung Sabbucina, steht die romanische Klosterkirche *Santo Spirito*, eine Gründung der Normannenkönige im Kernland der arabischen Besiedlung Siziliens in mittelalterlicher Zeit.

Die *Ausgrabungen* der vorgeschichtlichen Stadt *Sabbucina (tgl. 9–13 Uhr, Eintritt 2 Euro)*, deren älteste Steinhütten aus der Jungsteinzeit stammen, erreichen Sie mit einem Abstecher von 8 km über die Straße Nr. 122 nach Enna; im Tal stehen die Ruinen des Schwefelbergwerks *Trabonella*, einer erst 1990 stillgelegten Anlage mit moderner Fördertechnik. Von den berüchtigten Schächten aus dem 19. und frühen 20. Jh. sieht man nur noch wenige Mauerreste und Schornsteine. In den meist nur meterhohen Gängen schufteten Kinder und Halbwüchsige, wegen Hitze, Schmutz und Ungeziefer oft splitternackt und kahl geschoren.

Über San Cataldo gelangen Sie nach *Mussomeli*. 2 km vor dem

AUSFLÜGE & TOUREN

Ort erhebt sich das ✸ *Castello Manfredonico* aus dem 12. Jh. in unangreifbarer Lage auf einer Felsspitze. Von hier oben kann man bei klarem Wetter den größten Teil Siziliens sehen, den Ätna, im Norden die Madonie-Berge, nach Süden das Meer vor Afrika. Den Besuch der Burg von innen *(Di–So 9.30–12 u. 15.30–18, im Winter Sa, So 9–12 Uhr, Eintritt 3 Euro)* müssen Sie vorher anmelden, ein Kustode begleitet Sie dann. Fragen Sie im Rathaus *(Tel. 09 34 96 11 11)* oder im Ufficio Turismo *(Tel. 09 34 96 12 12)* an. Der Nachbarort ✸ *Sutera* liegt in ähnlich atemberaubender Position unter einem riesigen Felsen.

Casteltermini und *San Biagio* sind Kleinstädte am Fuß der wald- und quellenreichen Monti Sicani, in denen Sie einen Abstecher zur *Wallfahrtskirche der Santa Rosalia di Quisquina* machen können, wo im 12. Jh. die Schutzpatronin Palermos als Einsiedlerin in einer Höhle lebte. Auf dem 1578 m hohen ✸ Monte Cammarata genießt man im *Rifugio (Tgl., Tel. 09 22 90 28 40, €)* bei Pasta, Lamm und Zicklein den Blick zum Ätna und zum Meer.

Von hier fahren Sie weiter nach *San Angelo Muxaro*, einer Kleinstadt in kühner Lage auf einem Bergplateau. Unterhalb des Orts führt ein markierter Fußweg von der Straße zu *Felsgräbern* aus vorgriechischer Zeit. Diese im Tal gelegene Nekropole der Sikaner ist außergewöhnlich eindrucksvoll. Übernachtungen (Bed & Breakfast) bietet *Val di Kam (Tel. 33 95 30 59 89, Fax 09 22 91 97 56, www.valdikam.it, €)*, außerdem Exkursionen zu Fuß, mit Mountainbike und Pferd.

Vom ca. 15 km entfernten *Aragona* aus kommen Sie zu den *Vulcanelli di Macalube.* Das sind Schlammkrater, die von aufsteigenden Gasen aus dem Erdinneren Blasen schlagen und in der Antike als ein Zugang in die Unterwelt oder als verhexter Platz galten. Information und Führung bietet die *Riserva Naturale Macalube (Aragona, Via Salvatore La Rosa, Tel./Fax 09 22 69 92 10)*. Von Aragona sind es auf direktem Weg noch einmal 15 km bis nach *Agrigent (S. 69)*.

Insider Tipp

Lohnender ist aber der längere Weg. Er führt über die beiden barocken Landstädte *Favara* und insbesondere *Naro*, wo Bildhauer aus dem weichen, dunkelgelben Sandstein der Gegend die Fassaden der Kirchen und Paläste einfallsreich gestalteten – mit Fratzen, Masken und grotesken Trägerfiguren.

Die Säulen des Heraklestempels von Agrigent sind über 10 m hoch

SPORT & AKTIVITÄTEN

Von Mountainbiking bis Paragliding

An Land, zu Wasser und in der Luft: die besten Plätze für Ihren Lieblingssport

Über 1000 km Meeresküste besitzt Sizilien, mit den kleinen Inseln sogar 1500 km, bis auf kurze Abschnitte vor den Großstädten und Industrierevieren sind sie einladend sauber. Wassersport wie Schnorcheln und Tauchen, Segeln und Surfen ist rund um die Insel möglich. Aber auch auf festem Boden kommen vor allem Wanderer, Mountainbiker und Reiter auf ihre Kosten.

labriens und den Ätna, die Äolischen Inseln, das Tyrrhenische und Ionische Meer. Ausgangspunkt ist *Messina* an der *Portella di Rizzo* (466 m), dann immer auf dem Kamm (1100–1200 m) zur *Portella Mandrazzi* (1125 m), von dort in Kurven und Serpentinen nach *Castroreale/Milazzo* oder *Taormina*. Von Messina bis Taormina 95 km. Gute, aktuelle Infos unter *www.sizilien-rad.de*

MOUNTAINBIKING

Fast überall möglich und bei Sizilianern und Touristen gleichermaßen beliebt ist Mountainbiking auf wenig befahrenen Nebenstraßen, Feldwegen und Forstpisten. Ätna, Madonie, Nebrodi und die Peloritani-Berge im Nordosten fordern mit Höhenunterschieden heraus, die oft weit über 1000 m gehen. Weniger anstrengend ist es längs der Südküste, im Westen und auf den Kalkebenen von Syrakus und Ragusa.

Eine schöne Tour führt über die ☀ *Kammstraße der Monti Peloritani* mit Blick auf die Nordspitze Siziliens, die Meerenge, die Berge Ka-

Sizilien bietet Windsurfern einige interessante Reviere

PARAGLIDING

Gleitschirmfliegen *(parapendio)* können Sie auf Sizilien in der Madonie auf der tyrrhenischen Seite und in den Bergen oberhalb Palermo. *Accademia Siciliana Volo Libero, Via degli Astronauti 14 u. Via Ferri 10 (Centro Speedy) Altofonte, Tel./Fax 09 16 64 05 35, www.parapendio.it/asvl*

GOLF

Zwei landschaftlich sehr schöne 18-Loch-Plätze wurden mit viel Rücksicht im alten Baumbestand zweier Landgüter angelegt. Am Nordhang des Ätna auf 650 m der *Picciolo Golf Club* mit einem Gästehaus (€€– €€€), dessen Grüns zwischen hohen Eichen, Haselnussbäumen und Reben liegen *(Castiglione di Sicilia, Tel./Fax 09 42 98 62 52, www.ilpicciologolf.com)*. Über der Küste zwischen Cefalù und Termini Imerese liegt in Orangen- und Olivenhainen der *Le Madonie Golf Club, Collesano, Tel. 09 21 93 43 87, Fax 09 21 93 41 99, www.madoniegolf.com*

REITEN

Reiten, zum Teil als geführte Tagesexkursion, zum Teil auch als Mehrtagetreck ist besonders in der Madonie beliebt. Viele Agriturismo-Bauernhöfe bieten Reiten an. Reiten in der Madonie: *Azienda Agrituristica Monaco di Mezzo, Petralia Sottana, Tel./Fax 09 34 67 39 49, www.monacodimezzo.com*

SEGELN

Segeln ist top zwischen Tropea (Kalabrien), den Äolischen Inseln und der Nordküste von Tindari bis Cefalù. Oder die Fahrt durch die Meerenge von Messina, den *Stretto*, der mit seinen Untiefen, wechselnden Strömungen, plötzlichen Windböen und schließlich dem intensiven Schiffsverkehr ein sehr anspruchsvolles Revier ist, das am Ätna entlang die reizvolle Ostküste mit zahlreichen kleinen Fischerhäfen bis Catania umfasst.

TAUCHEN

Ideale Bedingungen finden Taucher und Schnorchler über felsigem Grund. Den gibt es vor allem an der Nordküste, die Ostküste im Bereich des Ätna und bei Bucheri nördlich von Augusta. Die mit Abstand besten Tauchreviere stellen die kleinen Inseln dar, an erster Stelle Ustica und das vor der afrikanischen Küste gelegene Lampedusa, aber fast ebenso schön sind die Tauchgründe der Ägadischen und der Äolischen Inseln. Auf allen Inseln gibt es für Unterwassersportler eine sehr gute Infrastruktur (Tauchkurse, Verleih von Ausrüstung, Druckflaschenservice, Dekompressionskammern).

Tauchen um die Insel *Ustica* (Fähre und Tragflügelboot ab Palermo): Die Gewässer sind Meeres-Naturschutzgebiet und gelten bei italienischen Tauchern als absoluter Superlativ; im Sommer überlaufen, sonst ausreichend Privatquartiere. Info: *Riserva Marina di Ustica (Büro im Rathaus), Tel. 09 18 44 90 45 u. 09 18 44 94 56 (Touristbüro)*.

WANDERN

Die Berge, die einsamen Hochplateaus und die besonders im Südosten beeindruckenden Schluchten werden zum Wandern bisher vorwiegend von den Einheimischen besucht. Viele der Wanderwege sind die heute außer Gebrauch gekommenen *trazzeri*, die alten Viehwege. Wanderkarten und Wegmarkierungen gibt es bisher wenig, doch in den drei großen Naturparks Ätna, Madonie und Nebrodi können Sie sich mittlerweile gut orientieren und finden Wege aller Schwierigkeitsgrade. Das Begehen der Schluchten, die oftmals das ganze Jahr über Wasser führen, erfordert vielfach bergsteigerische Erfahrung und Ausrüstung. Geführte Wanderungen in den Naturschutzgebieten finden überwiegend an den Wochenenden statt. *Infos bei den örtlichen Tourismusbüros*

SPORT & AKTIVITÄTEN

Am Rand des Vulkans: Wanderung am Krater des Ätna

Cava d'Ispica: 10 km lange Schlucht, an deren Ausgängen Sie Höhlen besichtigen können. Geführte Touren ab dem *Besucherzentrum Ispica* am Eingang der Schlucht, www.cavaispica.it.

Parco Regionale delle Madonie, Petralia Sottana, Corso Pietro Agliata 16, Tel. 09 21 68 02 01, Fax 09 21 68 04 78, www.parcodellemadonie.it

Parco Regionale dei Nebrodi, Caronia, Via Orlando 126, Tel. 09 21 33 32 11, Fax 09 21 33 32 30, www.parco.nebrodi.org

Parco Regionale dell'Etna, Nicolosi, Tel. 095 91 45 88, Fax 095 91 47 38, www.prg.it/parcodelletna

Wandern im Web: *www.recolapesce.it; www.walksicily.de*

WINDSURFEN

Gute Surfreviere sind die Inseln, die Südostküste und die Nordküste zwischen Milazzo und Cefalù.

WINTERSPORT

Die beiden Wintersportgebiete sind der Ätna und die Madonie, wo sich an wenigen Stellen Hotels, Lifts, Skischulen und Abfahrtspisten dicht an dicht befinden und an schönen Winterwochenenden viel Betrieb herrscht, vor allem in den schneesicheren Monaten Januar bis März. Am Ätna ist das wichtigste Wintersportzentrum *Etna Sud* oberhalb von Nicolosi auf 1800 m Höhe, wo trotz der jüngsten Vulkanausbrüche Pisten, Seilbahnen und Unterkünfte vorhanden sind. In der Madonie konzentriert sich fast alles auf *Piano Battaglia* (1650 m). Ideal zum Langlauf sind die Höhen- und Kammwege in den Nebrodi- und Madonie-Bergen (zum Teil als Wanderwege und als Fernwanderweg *Sentiero Italia* markiert).

Infos zur *Madonie/Piano Battaglia* im Rathaus von *Isnello, Corso Vittorio Emanuele 14, Tel. 09 21 66 20 33, Fax 09 21 66 26 85*

MIT KINDERN REISEN

Spaß für die ganze Familie

Bootfahren, Eisenbahnklettern, Höhlenforschen, Puppenspielen: kein schlechtes Angebot, oder?

Allen Italienern geht das Herz auf, wenn sie Kinder sehen. Für die *bambini* machen sie alles, auch wenn es nicht die eigenen sind. Und die Eltern werden gleich in diese offen gezeigte Sympathie mit einbezogen, unterwegs, am Strand, im Hotel, eigentlich überall. Für Kinder kann Sizilien großartige Ferienerlebnisse bieten, weit mehr als nur Strand, Sonne und Eisdiele, auch wenn es auf den ersten Blick nicht das ideale Reiseziel für Kinder ist. Die endlos langen Korridore und vollen Vitrinen der Museen, die quadratkilometergroßen Ausgrabungen unter der prallen Sonne, Kirchen, Klöster und Paläste an jeder Ecke und fast immer mit Sternen der Kunsthistoriker geschmückt, schließlich die langen Entfernungen mit unendlich vielen Kurven auf schattenlosen Straßen: Das ist nicht nur für Kinder ziemlicher Reisestress.

Bis auf den Lunapark mit Karussell und Ständen mit grellbuntem Plastikspielzeug, den es im Sommer in den meisten Ferienorten am Meer gibt, tut sich in Kinderbeglückung wenig, schon gar nicht Angebote mit dem Gütesiegel »pädagogisch besonders wertvoll«. Ergreifen Sie selbst die Initiative!

Oder machen Sie Clubferien mit deutschen Veranstaltern. Dort gibt es Animation und Betreuung speziell für Kinder in ihrer Sprache, wenig Reisestress und eine vertraute Umgebung, in der sich die Eltern auch mal für eigene Programme absetzen können. Machen Sie es ansonsten wie die Sizilianer: die kühlen Morgenstunden nützen, dann sich und den Kindern eine lange Siesta mit einem mehr oder weniger langen Schläfchen gönnen, am Abend ist es wieder kühler, man lebt wieder auf.

Im Restaurant werden in Italien auch fünfjährige Kinder als normale Esser angesehen, die dann in jedem Gang etwas rumstochern. Wenn Ihr Kind einen Teller Spaghetti oder einen Fisch und sonst nichts haben möchte, erklären Sie das dem Kellner. Der wird das verstehen und auch akzeptieren.

Machen Sie öfter ein Picknick, wie das die Sizilianer auch machen, am besten am Wochenende, wenn richtig Leben herrscht. In den Waldgebirgen gibt es jede Menge Picknickplätze, meist mit gefassten Quellen, in deren eiskaltem Wasser

*Endlich ist die Schule aus –
da freuen sich Caltagirones Schüler*

Gleich hebt sie ab, die kleine Badefee

die Kinder Melonen und Getränke kühlen können.

Flache Strände mit feinem, weichem Sand, an denen Kinder gefahrlos baden und plantschen, buddeln und bauen können, gibt es nicht überall auf Sizilien. Das längste Sandband beginnt südlich von Syrakus und begleitet dann für fast 300 km bis auf kurze felsige Abschnitte die ganze Südküste bis Selinunt. Den weichsten und feinsten Sand gibt es in *Fontane Bianche* bei Syrakus und an der *Marina di Noto*; südlich von Ragusa gibt es die breiten Dünenstrände von *Pozzallo, Sampieri, Donnalucata* und *Scoglitti*, bei *Falconara* westlich von Gela, in *San Leone* (Agrigent) mit vielen Lidobetrieben, um *Siciliana Marina*, in *Eraclea Minoa*, um die Mündung des *Fiume Platani* südöstlich von Sciacca, *Porto Palo di Menfi* und *Marinella* bei Selinunt. Im Norden und Osten sind es kurze Abschnitte, an denen das Wasser allerdings oft schnell tief wird, z. B. *San Vito Lo Capo* (Ortsstrand), *Mondello* bei Palermo mit sauberem Wasser und fast mehlfeinem Sand, *Cefalù* (Stadtstrand), *Capo Orlando*, die Küste zwischen Tindari und Milazzo, *Letoianni, Giardini Naxos* mit den südlich anschließenden, sehr kindergeeigneten, aber oft überfüllten Stränden von *San Marco* und *Fondachello*, schließlich noch die Ebene südlich von Catania mit zahlreichen Lidobetrieben und Strandsiedlungen. Die Inseln um Sizilien herum haben kindergeeignete Strände nur an wenigen Stellen auf Vulcano *(Lido di Ponente)*, Stromboli (Nordküste) und Favignana (Westen und Süden).

Geschichte ohne musealen Staub können Ihre Kinder (und Sie) in einigen der Heimatmuseen erleben, wo alte Handwerke und Lebensbedingungen vorgestellt werden und die zum Teil sehr schwierigen Verhältnisse, in denen Kinder noch vor fünfzig Jahren aufgewachsen sind.

MIT KINDERN REISEN

DER NORDOSTEN

Gola Alcantara [125 D5]
Mit nackten Füßen oder Gummistiefeln durch den Fluss in der Basaltschlucht waten – Badegumpen und kleine Strudel. Gummistiefel können ausgeliehen werden, Treppe und Fahrstuhl zum Fluss. *An der Straße Taormina–Randazzo*

DER SÜDOSTEN

Insider Tipp
Buscemi – die alten Handwerke [127 D4]
Der ganze Ort ist mit seinem Rundgang zu alten Handwerksberufen Museum und Werkstatt zugleich. *Museo della Civiltà Contadina, tgl. 9–12.30 Uhr, www.museobuscemi.org, Führung (2 Std.) 4 Euro, Kinder bis 6 Jahre frei*

Eisenbahnfahrt [126–127 A–E4]
Von Syrakus nach Gela klettert der Linienzug mehrmals täglich in 3–4 Stunden toller als jede Museumsbahn in riesigen Kurven und Schleifen vom Meer hinauf auf die Hochebene von Ragusa und dann wieder hinunter ans Meer, durchfährt dabei einige tiefe Schluchten und überquert sie auf atemberaubend hohen Viadukten. *Fahrpreis 7,10 Euro, Kinder bis 12 Jahre 3,55 Euro*

PALERMO UND DIE NORDKÜSTE

Insider Tipp
Höhlenwohnungen und Burg Sperlinga [123 F3]
Einige der Wohnhöhlen unter dieser Burg bei Nicosia sind sogar noch bewohnt oder Stall, zum Teil frei zugänglich. *Führungen in der Burg mit Museum der Höhlenwohnungen tgl. 9–13 u. 14.30–18.30 Uhr, Info: Pro Loco an der Piazza Crispi, Tel. 09 35 64 30 25, Eintritt 2 Euro, Kinder 1 Euro*

Labyrinth der Fiumara d´Arte [123 E2]
Dieses moderne Labyrinth, bei dem das Suchen bis zur Mitte und wieder zum Ausgang nicht besonders schwierig ist, liegt auf einer Bergspitze nahe Castel di Lucio bei Castel di Tusa (frei zugänglich). *Info: Hotel Atelier sul Mare, Castel di Tusa, Tel. 09 21 33 42 95, www.ateliersulmare.it*

Marionettentheater in Monreale [122 B1]
Munna, Cortile Manin 15, Tel. 09 16 40 45 42; Sanicola, Via D'Acquisto 33, Tel. 09 16 40 94 41

In beiden Theatern kommen die sizilianischen Ritterromane mit den Kämpfen der Paladine Karls des Großen gegen die Sarazenen und ihr Werben um die schöne Genoveva wortreich und mit viel Schwertgeklapper auf die Bühne.

Marionettentheater in Palermo [122 B1]
Mimmo Cuticchio, Via Bara 52, Tel. 091 32 34 00; Teatro Ippogrifo, Vicolo Ragusi 4, Tel. 091 32 91 94; Museo Internazionale delle Marionette, Via Butera 1, Tel. 091 32 80 60

DER SÜDWESTEN

Salinen von Trapani [120 C3]
Hier gibt es ein Museum der Salzherstellung, eine Salzmühle, Mietkanus und Bootsfahrten in der Lagune von Mozia und zu den Inseln des Flachmeers Stagno di Marsala. *Tgl. 9.30–13.30 u. 15.30–18.30 Uhr, Eintritt 2 Euro, Kinder frei*

105

Angesagt!

Was Sie wissen sollten über Trends, die Szene und Kuriositäten auf Sizilien

Mode-Bewusstsein
Sizilianer sind keine Softies und zeigen das auch. Das gilt übrigens keineswegs nur für die Männer. An mutigen und selbstbewussten Frauen hat sich auch die Mafia die Zähne ausgebissen! Wie überall in Italien ist es wichtig, *bella figura* zu machen. Gut in Schale zählt auf den ersten Blick, wobei die viel weniger teuren, aber guten Raubkopien der großen Marken

hilfreich sind, die es auf den Kleidermärkten gibt. Die *coppola*, die von den aus Amerika zurückgekehrten Auswanderern mitgebrachte Schiebermütze, zeigt bei jungen Sizilianern heimatverbundenes Selbstbewusstsein.

Treffpunkte
Die *passeggiata* auf der Piazza ist noch immer der wichtige Treff am Abend. Dort sehen alle, wer mit wem. Wenn es dann ruhiger wird, die Älteren ins Haus zurückkehren oder ausgehen, treffen sich die Jungen am liebsten in einer Pizzeria, im Pub bei Livemusik oder in der *stuzzicheria*, wo es leckere Kleinigkeiten gibt. So ist z. B. in Palermo und Catania wieder Leben in die Altstadtviertel eingezogen, in Catania um die Piazza Stesicoro, in Palermo im Kalsa-Viertel und um die Piazza Marina.

Schwarz und heiß
Latte macchiato – mit etwas Espresso angebräunte heiße Milch im hohen Glas, an dem man sich garantiert die Finger verbrennt, ist unter Sizilianern nicht im Trend. Sie bleiben ihrem *caffè*, dem kleinen, starken Espresso treu, erlauben allenfalls vormittags ein Kleckschen aufgeschäumte Milch.

Jenseits von Lucio Dalla
Italo-Rock und *cantautori* mit eigenen Texten und eigener Musik zwischen Rock, Jazz und traditionellem Schlager haben einen ganz eigenen Klang, weit weg von der angloamerikanischen Musikszene. Lucio Dalla, der »Klassiker« unter den Cantautori, hat Sizilien eine CD gewidmet, »Sono siciliano«. Aus Catania kommen »I Dounia« mit arabisch-sizilianischer Musik und »Nakaira« mit Ethno-Rock aus dem ganzen Mittelmeerraum. Aus Palermo stammt Enzo Rao mit seiner Jazz-Folk-Band.

PRAKTISCHE HINWEISE

Von Anreise bis Zoll

Hier finden Sie kurz gefasst die wichtigsten Adressen und Informationen für Ihre Sizilienreise

ANREISE

Auto
Die lange Autobahnfahrt den Stiefel hinunter ist Zeit raubend, weil bis 2005 die Autobahn Salerno–Reggio di Calabria Baustelle ist, zum Teil mit Totalsperrungen und Umleitungen über schmale, kurvenreiche Gebirgsstraßen. Alternative sind die Autofähren Genua/Livorno–Palermo und Neapel–Palermo. Preise, Fahrpläne und Reservierung im Web unter *www.traghetti.com*

Bahn
Mit der Bahn dauert es von München oder Basel runde 20 Stunden mit Umsteigen in Mailand oder Rom. Direktzüge oder Kurswagen gibt es nicht, Zuschläge für Schlafwagen und IC können die Bahnfahrt teurer als den Flug werden lassen.

Flugzeug
Ohne Umsteigen gibt es ganzjährig Charterflüge von deutschen Flughäfen nach Sizilien, zwischen Mai und Oktober täglich von allen großen deutschen Flughäfen nach Catania. Viel billiger als Lufthansa und Alitalia fliegt u. a. HLX – Hapag Lloyd Express – nach Palermo und Catania. Meist einmal am Tag, nicht immer zu bequemen Zeiten. Vom Flughafen Catania gibt es Direktbusse nach Messina, Taormina, Ragusa, Enna, Cefalù, Agrigent und Syrakus, vom Flughafen Palermo nach Trapani.

AUSKUNFT

Staatliches Italienisches Fremdenverkehrsamt (ENIT)
– Kaiserstr. 65, 60329 Frankfurt, Tel. 069/23 74 34, Fax 23 28 94, enit.ffm@t-online.de, www.enit.de
– Kärntnerring 4, 1010 Wien, Tel. 01/505 16 39 12, Fax 505 02 48, delegation.wien@enit.at
– Uraniastr. 32, 8001 Zürich, Tel. 01/211 30 31, Fax 211 38 85, enit@bluewin.ch
– Gebührenfreie Servicenummer für Deutschland, Österreich und die Schweiz 008 00 00 48 25 42, www.enit.it

Assessorato Regionale Turismo
Via E. Notarbartolo 9, Palermo, Tel. 09 17 07 82 01, www.regione.sicilia.it/turismo

AUTO

Die erlaubte Höchstgeschwindigkeit beträgt in Ortschaften 50 km/h, auf Landstraßen 90 km/h, auf vierspurigen Schnellstraßen 110 km/h, auf Autobahnen 130 km/h (bei Regen 110 km/h), bei dichtem Nebel auch auf Autobahnen 50 km/h.

Anschnallpflicht besteht auf den Vordersitzen. Auch am Tag müssen Sie mit Licht fahren, und zwar außerhalb von Ortschaften. Eine Warnweste in Leuchtfarben muss mitgeführt werden. Die Promillegrenze beträgt 0,5. Die grüne Versicherungskarte wird empfohlen.

CAMPING

Es gibt auf Sizilien und den kleinen, vorgelagerten Inseln ca. 100 Campingplätze, die fast ausnahmslos am Meer liegen. Sie sind meistens zwischen Ostern und Ende Oktober geöffnet. Detaillierte Informationen zu vielen Campingplätzen unter *www.camping.it*

DIPLOMATISCHE VERTRETUNGEN

Konsulate der Bundesrepublik Deutschland
– *Viale Francesco Scaduto 2/D, Palermo, Tel. 09 16 25 46 60 u. 091 34 25 75, Fax 091 34 70 34*
– *Via Milano 10 A, Catania, Tel. 095 38 69 28, Fax 095 44 18 87*

Österreichisches Konsulat
Via Leonardo Da Vinci 145, Palermo, Tel. 09 16 82 65 96

Schweizer Konsulat
Via Barnaba Oriani 61, Roma, Tel. 06 80 95 71, Fax 068 08 08 71

EINREISE

Für EU-Bürger reicht ein gültiger Personalausweis, der an der Grenze und am Flughafen nur noch selten vorgezeigt werden muss, dafür aber bei jeder Anmeldung im Hotel und auf Campingplätzen.

EINTRITT

Für die meisten Museen und Ausgrabungsstätten werden 3–6 Euro verlangt, EU-Bürger unter 18 und über 65 Jahren zahlen nichts, Jugendliche zwischen 18 und 25 Jahren bekommen 25–50 Prozent Ermäßigung. In vielen kleinen Museen ist der Eintritt gratis. Kustoden, die Kirchen und Paläste öffnen, bekommen 1–5 Euro Trinkgeld.

FKK

Oben ohne ist nicht verboten, wird aber von den meisten Sizilianern als anstößig empfunden. Ganz ohne lockt die Polizei an und provoziert Aggressionen von Einheimischen.

GESUNDHEIT

Die Europäische Krankenversicherungskarte (EHIC) der deutschen Krankenkassen müssen Sie vor einer Behandlung in Italien der örtlichen Krankenversicherung (USL) vorlegen. Die Notfallbehandlung in öffentlichen Krankenhäusern ist gratis. Eine Urlaubskrankenversicherung hilft, der oft komplizierten Bürokratie des öffentlichen Gesundheitsdiensts und Wartezeiten aus dem Weg zu gehen. Infos im Internet unter *www.fit-for-travel.de*

HOTELS

Die Klassifizierung nach Sternen (von einem für sehr einfach bis zu fünf für Luxus) vermittelt nur ein ungefähres Bild über Ausstattung und Preise. Bei den Fremdenverkehrsämtern gibt es kostenlos Verzeichnisse mit detaillierteren Beschreibungen von Hotels und Cam-

PRAKTISCHE HINWEISE

pingplätzen, teilweise auch von Privatvermietern und Agriturismo-Bauernhöfen. Die Übernachtungspreise müssen im Zimmer oder am Empfang des Hotels ausgehängt sein.

INTERNET

Surfen kann lohnen, auch wenn das Web in Sizilien noch sehr weitmaschig ist. Hotels der gehobenen Klasse, Agriturismo-Höfe, Reisebüros, Umweltinitiativen und Naturparks sind fast immer präsent. Die wichtigen Touristinformationsstellen haben gut gefüllte, nicht immer topaktuelle Seiten, die zu den klassischen Reisezielen und Ausflügen viel Information geben. Hinweise zu Unterkunft und Verkehrsverbindungen sind zum Teil lückenhaft. Viele Themen und Links finden Sie unter *www.italien.info*, *www.italianita.de*, *www.sicilia.indettaglio.it*, *www.siciliano.it*, *www.sicilia.com*. Umwelt, Naturschutz und die Naturparks: *www.parks.it*. Alles zu aktiven Vulkanen (mit Webcam von Ätna und Stromboli): *www.educeth.ch/stromboli/index-de.html*

INTERNETCAFÉS

Internetcafés gibt es in den Städten und vereinzelt auch in der Provinz, so in Agrigent *(Internettrain, Cortile Contarini/Via Atenea)*, Catania *(Agorà Hostel, Piazza Curro, www.agorahostel.com; Libreria Tertulia, Via Rapisarda 1)*, Palermo *(Ever Always, Via Tükory 198, www.everalways.it; Aboriginal, Via Spinuzza 51, www.aboriginalcafe.com)*, Syrakus *(Internettrain, Via Roma 122)*, Taormina *(Las Vegas, Corso Umberto/Salita Humboldt; Net Point, Via Iallia Bassia)*. In Hotels sind wird der Zugang fürs *portatile* (Laptop)

www.marcopolo.de

Im Internet auf Reisen gehen

Mit über 10 000 Tipps zu den beliebtesten Reisezielen ist MARCO POLO auch im Internet vertreten. Sie wollen nach Paris, auf die Kanaren oder ins australische Outback? Per Mausklick erfahren Sie unter www.marcopolo.de Wissenswertes über Ihr Reiseziel. Zusätzlich zu den Informationen aus den Reiseführern bieten wir Ihnen online:

- das *Reise Journal* mit aktuellen News, Artikeln, Reportagen
- den *Reise Service* mit Routenplaner, Währungsrechner und Compact Guides
- den *Reise Markt* mit Angeboten unserer Partner rund um das Thema Urlaub

Es lohnt sich vorbeizuschauen: Wöchentlich aktualisiert, gibt es immer wieder Neues zu entdecken. Bleiben Sie auf dem Laufenden mit unserem E-Mail-Newsletter, den Sie kostenlos abonnieren können!

immer mehr angeboten, ist aber meist wesentlich teurer als im Café.

KLIMA & REISEZEIT

An den Küsten herrscht Mittelmeerklima mit langem, heißem und trockenem Sommer. Die idealen Reisemonate sind Mai, Juni, September und Oktober: Die Temperaturen sind angenehm, das Meer ist warm und der große Ansturm der Hochsaison und der Osterwochen fern. Der Winter ist regnerisch und mild. Im Landesinneren kann es in den Bergen oberhalb von 1500 m sogar im Sommer kühl werden.

LANDURLAUB

Agriturismo wird auf Sizilien immer beliebter. Meist wurden alte Guts- und Bauernhäuser liebevoll restauriert. Das Essen wird nach alten Rezepten mit Produkten aus eigenem, oft biologischem Anbau gekocht. Viele Höfe verfügen über Mountainbikes oder Pferde und organisieren Exkursionen. Im Internet können Sie komfortabel mit Fotos und Beschreibungen suchen: *www.agriturismosicilia.it, www.agriturismosicilia.com* und *www.bauernhofurlaub.com*

LITERATURTIPPS

Die Kriminalromane von Andrea Camilleri mit Commissario Montalbano spielen in der Heimat des Autors, in Agrigent (= Montelusa) und Porto Empedocle (= Vigàta), mit der ganzen Farbigkeit des kriminellen Alltags der Insel mit Mafia, Korruption und Menschenhandel. Die meisten Romane von Leo-

Wetter in Catania

	Jan.	Feb.	März	April	Mai	Juni	Juli	Aug.	Sept.	Okt.	Nov.	Dez.
Tagestemperaturen in °C	14	15	17	19	23	28	31	31	28	23	19	16
Nachttemperaturen in °C	8	8	9	12	15	19	22	23	20	16	13	9
Sonnenschein Std./Tag	4	5	6	7	8	10	11	10	8	7	6	4
Niederschlag Tage/Monat	9	5	6	4	3	2	1	1	3	7	7	8
Wassertemperaturen in °C	15	14	14	15	17	21	24	25	24	22	19	16

PRAKTISCHE HINWEISE

nardo Sciascia handeln von Mafia, Gewalt, Anpassung und Sich-über-dem-Wasser-Halten. Zwei große Romane behandeln Leben, Auf- und Abstieg des Hochadels: Dacia Maraini »Die stumme Fürstin«, und Giuseppe Tomasi di Lampedusa »Der Leopard«. 1989 machte die damals erst neunzehnjährige Lara Cardella mit ihrem Roman »Ich wollte Hosen« Furore, in dem sie Benachteiligung und Bevormundung der Mädchen in der sizilianischen Machogesellschaft beschreibt.

Was kostet wie viel?

Tomaten	**1–2 Euro** für 1 kg im Sommer
Kaffee	**ab 70 Cent** für die Tasse Espresso
Wasser	**50 Cent** für das Glas Mineralwasser
Wein	**2–3 Euro** für die Karaffe Wein (0,25 l)
Benzin	**1,08–1,12 Euro** für 1 l Super
Snack	**1–1,50 Euro** für ein Stück Pizza auf die Hand

MEDIEN

Deutsche Zeitungen und Zeitschriften gibt es in den Ferienorten von Ostern bis Oktober sogar am selben Tag. Hotels mit vielen deutschen Gästen und Satellitenschüssel haben auch deutsche Kanäle im Programm. Mit Kurzwellenradio können Sie fast überall die Deutsche Welle mit Rauschen hören.

MIETWAGEN

Niederlassungen der großen Autoverleiher finden Sie in Palermo, Catania, Syrakus, Messina, Taormina und an den Flughäfen. Die Preise liegen ca. 40 Prozent höher als bei einer Buchung in Deutschland (z. B. Europcar: VW Polo für 245 Euro/Woche). Angebote für Autovermietungen finden Sie auch unter *www.marcopolo.de*.

NOTRUFE

Unfall/Polizei: 112 und 113
Pannenhilfe: 800 11 68 00
Ambulanz: 118
Feuer und Waldbrände: 115 u. 15 15
Seerettung: 15 30

ÖFFENTLICHE VERKEHRSMITTEL

Siziliens Bahnnetz ist weitmaschig und weit gehend eingleisig. Auch IC- und Expresszüge haben häufig Verspätung; zudem liegen viele Bahnhöfe sehr weit von den Ortschaften entfernt. *Bahnauskunft: www.trenitalia.it*

Ein dichtes Lokal- und Schnellbusnetz vieler privater Gesellschaften ergänzt und ersetzt das recht dürftige Schienennetz. In vielen Städten gibt es aber keinen zentralen Busbahnhof. *Busauskunft: www.anavsicilia.it*

ÖFFNUNGSZEITEN

Läden, Supermärkte und Warenhäuser sind werktags meist von 8.30 bis 13 und von 17 bis 20 Uhr geöffnet, an einem von Geschäft zu Geschäft unterschiedlichen Nachmittag in der Woche sind die Läden geschlossen. In der Hochsaison haben in den Ferienorten die meisten Läden durchgehend bis in die Nacht offen. Restaurants haben im Allgemeinen täglich geöffnet; wo das nicht der Fall ist, ist in diesem Buch der jeweilige Ruhetag angegeben. Tankstellen sind sonntags und nach 20 Uhr oft geschlossen.

POST

Briefmarken gibt es auch im Tabakgeschäft. Brief oder Postkarte kosten kostet mit der *posta prioritaria* innerhalb Italiens 0,60 und ins europäische Ausland 0,62 Euro.

PREISE

Sizilien ist innerhalb Italiens eine preiswerte Reiseregion. Für einen Espresso in der Bar zahlen Sie am Tresen fast überall weniger als 1 Euro, für einen Cappuccino meist auch nur 1 Euro, für ein Bier oder einen Aperitif 1,50–2 Euro. Am Tischchen sitzen und bedient werden kann in besuchten Ferienorten doppelt und dreifach so viel kosten. Für ein komplettes Essen müssen Sie zwischen 15 und 30 Euro rechnen – selbst wenn Sie ganz groß ausgehen, überschreitet die Rechnung fast nie 50 Euro. Busse und Bahnen sind billig, eine Stadtfahrt kostet selten mehr als 1,20 Euro.

Ihre Euros ziehen Sie sich mit der EC-Karte mit Geheimzahl aus Geldautomaten *(bancomat, postamat),* die es auch in kleinen Orten abseits der Reisewege gibt. Viele Hotels, Restaurants, Tankstellen und Geschäfte akzeptieren Kreditkarten. Mastercard und Visa sind weit verbreitet, die EC-Karte mit Pin weniger.

STROM

Spannung 220 Volt, nur Flachstecker passen, sonst sind Adapter nötig. Weltadapter passen oft nicht!

TAXI

In den großen Städten sind die Taxis mit Taxameter ausgestattet. Ein Trinkgeld von 5 bis 10 Prozent ist üblich. In kleinen Orten und auf dem Land sollten Sie den Preis vor der Fahrt absprechen.

TELEFON & HANDY

Telefonzellen gibt es reichlich. Die benötigten Telefonkarten gibt es bei der Post, in Tabak- und Zeitungsläden. Auslandsgespräche sind uneingeschränkt möglich. Ein Ortsgespräch (3 Minuten) kostet 10 Cent in der Zelle, 3 Minuten nach Deutschland 1,50–2 Euro. Servicenummern (Vorwahl 800) von Touristbüros und Hotels sind gratis.

Deutsche Handys funktionieren überall, bis auf einige Gebirgsregionen, wo es in Tälern und unter Bergkämmen oft stumm bleibt.

Vorwahl nach Deutschland: 0049, nach Österreich 0043, in die Schweiz 0041, nach Italien 0039 – die 0 am Beginn von Festnetznummern muss bei Anrufen nach Italien mitgewählt werden.

ZOLL

Zollfrei für EU-Bürger (für Schweizer): 800 (200) Zigaretten oder 200 (50) Zigarren oder 1000 (250) g Tabak, 90 (2) l Wein und (oder) 20 (2) l Spirituosen unter 22 (15) Prozent sowie 10 (1) l Spirituosen über 22 (15) Prozent. *www.zoll-d.de*

SPRACHFÜHRER ITALIENISCH

Parli italiano?

»Sprichst du Italienisch?«
Dieser Sprachführer hilft Ihnen, die wichtigsten Wörter und Sätze auf Italienisch zu sagen

> Zur Erleichterung der Aussprache:
>
> c, cc   vor »e, i« wie deutsches »tsch« in deutsch, Bsp.: die**c**i, sonst wie »k«
> ch, cch   wie deutsches »k«, Bsp.: pa**cch**i, **ch**e
> ci, ce   wie deutsches »tsch«, Bsp.: **ci**ao, **ci**occolata
> g, gg   vor »e, i« wie deutsches »dsch« in Dschungel, Bsp.: **g**ente
> gl   ungefähr wie in »Familie«, Bsp.: fi**gl**io
> gn   wie in »Cognac«, Bsp.: ba**gn**o
> sc   vor »e, i« wie deutsches »sch«, Bsp.: u**sc**ita
> sch   wie in »Skala«, Bsp.: I**sch**ia
> sci   vor »a, o, u« wie deutsches »sch«, Bsp.: la**sci**are
> z   immer stimmhaft wie »ds«
>
> Ein Akzent steht im Italienischen nur, wenn die letzte Silbe betont wird. In den übrigen Fällen haben wir die Betonung durch einen Punkt unter dem betonten Vokal angegeben.

AUF EINEN BLICK

Ja./Nein./Vielleicht.	Sì./No./Forse.
Bitte./Danke./Vielen Dank!	Per favore./Grazie./Tante grazie.
Gern geschehen.	Prego!/Non c'è di che!
Entschuldigen Sie!	Scusi!
Wie bitte?	Come dice?/Prego?
Guten Morgen/Tag!	Buon giorno!
Guten Abend!/Nacht!	Buona sera!/Buona notte!
Hallo!/Grüß dich!	Ciao!
Ich verstehe Sie/dich nicht.	Non La/ti capisco.
Ich spreche nur wenig Italienisch.	Parlo solo un po' di italiano.
Können Sie mir bitte helfen?	Mi può aiutare, per favore?
Wie geht es Ihnen/dir?	Come sta/stai?
Wie heißen Sie?/Wie heißt du?	Come si chiama?/Come ti chiami?
Ich heiße ...	Mi chiamo ...
Ich komme aus ...	Sono ...
... Deutschland.	... della Germania.
... Österreich.	... dell' Austria.
... der Schweiz.	... della Svizzera.

Auf Wiedersehen!/Tschüss!	Arrivederci!/Ciao!
Bis bald!/Bis morgen!	A presto!/A domani!
Hilfe!	Aiuto!
Rufen Sie bitte schnell …	Chiami subito …
… einen Krankenwagen.	… un'autoambulanza.
… die Polizei.	… la polizia.

UNTERWEGS

Bitte, wo ist …	Scusi, dov'è …
… der Bahnhof?	… la stazione?
… der Flughafen?	… l'aeroporto?
… die Haltestelle?	… la fermata?
… der Taxistand?	… il posteggio di tassì?
Zum … Hotel.	All'albergo …
Bus/Fähre/Zug	l'autobus/il traghetto/il treno
Bitte, einen Fahrschein nach …	Un biglietto per …, per favore.
Entschuldigung, wie komme ich nach …?	Scusi, per andare a …?
Immer geradeaus bis …	Sempre diritto fino a …
Dann links/rechts abbiegen.	Poi svolti a sinistra/destra.
nah/weit	vicino/lontano
Überqueren Sie …	Attraversi …
… die Brücke.	… il ponte.
… den Platz.	… la piazza.
… die Straße.	… la strada.
Ich möchte … mieten.	Vorrei noleggiare …
… ein Auto …	… una macchina.
… ein Fahrrad …	… una bicicletta.
… ein Boot …	… una barca.
offen/geschlossen	aperto/chiuso
drücken/ziehen	spingere/tirare
Eingang/Ausgang	ingresso/uscita
Wo sind bitte die Toiletten?	Dov'è il bagno, per favore?
Damen/Herren	signore/signori

SEHENSWERTES

Wann ist das Museum geöffnet?	Quando è aperto il museo?
Wann beginnt die Führung?	Quando comincia la visita con la guida?
Altstadt	il centro storico
Ausstellung	la mostra/l'esposizione
Denkmal	il monumento
Friedhof	il cimitero
Galerie	la galleria (d'arte)
Gottesdienst	la messa/la funzione sacra

SPRACHFÜHRER ITALIENISCH

Kirche	la chiesa
Rathaus	il municipio
Schloss/Burg	il castello
Stadtplan	la pianta della città
Stadtrundfahrt	il giro della città
Theater	il teatro
Turm	la torre

DATUMS- & ZEITANGABEN

Montag	lunedì
Dienstag	martedì
Mittwoch	mercoledì
Donnerstag	giovedì
Freitag	venerdì
Samstag	sabato
Sonntag	domenica
heute/morgen/gestern	oggi/domani/ieri
täglich	tutti i giorni, giornaliero
Wie viel Uhr ist es?	Che ore sono?
Es ist 3 Uhr.	Sono le tre.
Es ist halb 4.	Sono le tre e mezza.
Es ist Viertel vor 4.	Sono le quattro meno un quarto.
Es ist Viertel nach 4.	Sono le quattro e un quarto.

ESSEN & TRINKEN

Die Speisekarte, bitte.	Il menù, per favore.
Ich nehme ...	Prendo ...
Bitte ein Glas ...	Per favore un bicchiere di ...
Besteck	le posate
Messer/Gabel/Löffel	il coltello/la forchetta/il cucchiaio
Vorspeise/Hauptspeise	l'antipasto/il secondo
Nachspeise	il dessert, il dolce
Salz/Pfeffer/Zucker	il sale/il pepe/lo zucchero
scharf/salzig	piccante/salato
Ich bin Vegetarier/in.	Sono vegetariano/a.
Hat es geschmeckt?	Era di Suo gradimento?
Das Essen war ausgezeichnet.	(Il mangiare) era eccellente.
Trinkgeld	la mancia
Die Rechnung, bitte.	Il conto, per favore.

EINKAUFEN

Wo finde ich ...?	Dove posso può trovare ...?
Apotheke	una farmacia
Bäckerei	un panificio

Kaufhaus	un grande magazzino
Lebensmittelgeschäft	un negozio di generi alimentari
Markt	un mercato
Supermarkt	un supermercato
Zeitungshändler	un giornalaio
Gibt es …?/Haben Sie …?	C'è …?/Ha …?
Ich möchte …	Vorrei …
Eine Einkaufstüte, bitte.	Una busta, per favore.
Das gefällt mir (nicht).	(Non) mi piace.
Wie viel kostet es?	Quanto costa?
Nehmen Sie Kreditkarten?	Accetta carte di credito?

ÜBERNACHTEN

Ich habe ein Zimmer reserviert.	Ho prenotato una camera.
Haben Sie noch …	È libera …/Avete ancora …
… ein Einzelzimmer?	… una singola?
… ein Doppelzimmer?	… una doppia?
mit Dusche/Bad	con doccia/bagno
Was kostet das Zimmer mit Frühstück?	Quanto costa la camera con la prima colazione?

PRAKTISCHE INFORMATIONEN

Können Sie mir einen Arzt empfehlen?	Mi può consigliare un medico?
Kinderarzt	il pediatra
Zahnarzt	il dentista
Ich habe hier Schmerzen.	Ho dei dolori qui.
Ich habe Fieber.	Ho la febbre.
Eine Briefmarke, bitte.	Un francobollo, per favore.
Postkarte	una cartolina
Wo ist bitte eine Bank?	Scusi, dove posso trovare una banca?
Geldautomat	il bancomat

ZAHLEN

1	uno	11	undici
2	due	12	dodici
3	tre	20	venti
4	quattro	21	ventuno
5	cinque	50	cinquanta
6	sei	100	cento
7	sette	200	duecento
8	otto	1000	mille
9	nove	1/2	un mezzo
10	dieci	1/4	un quarto

REISEATLAS

Reiseatlas Sizilien

Die Seiteneinteilung für den Reiseatlas finden Sie auf dem hinteren Umschlag dieses Reiseführers

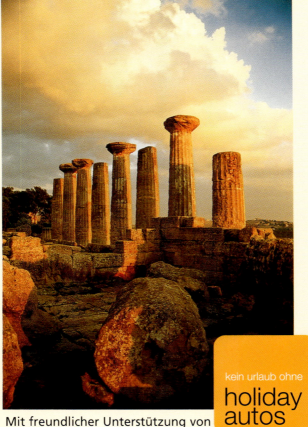

Mit freundlicher Unterstützung von

kein urlaub ohne
holiday autos

www.holidayautos.com

A   **B**   **C**   anzeige

sie wollen mehr sehen im urlaub?

dann buchen sie einen mietwagen von holiday autos.
zu alles inklusive preisen. buchen sie in ihrem reisebüro,
unter www.holidayautos.de oder telefonisch unter
0180 5 17 91 91 (12 ct/min)

kein urlaub ohne
holiday autos

KARTENLEGENDE REISEATLAS

Autobahn mit Anschlussstellen	Motorway with junctions
Autobahn in Bau	Motorway under construction
Mautstelle	Toll station
Raststätte mit Übernachtung	Roadside restaurant and hotel
Raststätte	Roadside restaurant
Tankstelle	Filling-station
Autobahnähnliche Schnellstraße mit Anschlussstelle	Dual carriage-way with motorway characteristics with junction
Fernverkehrsstraße	Trunk road
Durchgangsstraße	Thoroughfare
Wichtige Hauptstraße	Important main road
Hauptstraße	Main road
Nebenstraße	Secondary road
Fernverkehrsbahn	Main line railway
Autozug-Terminal	Car-loading terminal
Bergbahn	Mountain railway
Kabinenschwebebahn	Aerial cableway
Sessellift	Chair-lift
Eisenbahnfähre	Railway ferry
Autofähre	Car ferry
Schifffahrtslinie	Shipping route
Landschaftlich besonders schöne Strecke	Route with beautiful scenery
Touristenstraße	Tourist route
Wintersperre	Closure in winter
Straße für Kfz gesperrt	Road closed to motor traffic
Bedeutende Steigungen	Important gradients
Für Wohnwagen nicht empfehlenswert	Not recommended for caravans
Für Wohnwagen gesperrt	Closed for caravans
Kósciol farny Sehenswürdigkeit	Object of interest
Badestrand	Bathing beach
Besonders schöner Ausblick	Important panoramic view
Ausflüge & Touren	Excursions & tours
Nationalpark, Naturpark	National park, nature park
Sperrgebiet	Prohibited area
Kirche	Church
Moschee	Mosque
Kloster	Monastery
Schloss, Burg	Palace, castle
Ruinen	Ruins
Leuchtturm	Lighthouse
Turm	Tower
Höhle	Cave
Ausgrabungsstätte	Archaeological excavation
Feriendorf	Tourist colony
Motel	Motel
Jugendherberge	Youth hostel
Allein stehendes Hotel	Isolated hotel
Berghütte	Refuge
Campingplatz	Camping site
Flughafen	Airport
Flugplatz	Airfield
Staatsgrenze	National boundary
Verwaltungsgrenze	Administrative boundary
Grenzkontrollstelle	Check-point
Grenzkontrollstelle mit Beschränkung	Check-point with restrictions
PARIS Hauptstadt	Capital
MARSEILLE Verwaltungssitz	Seat of the administration

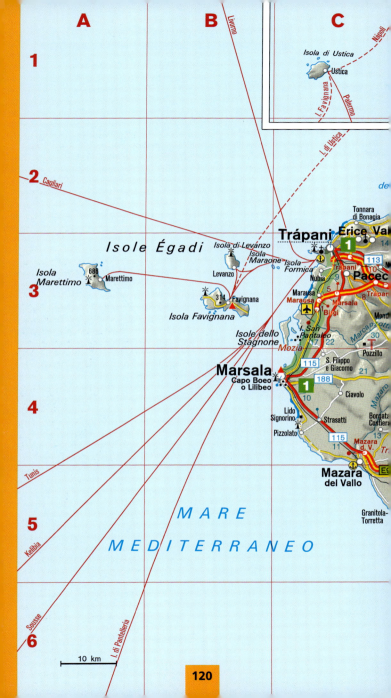

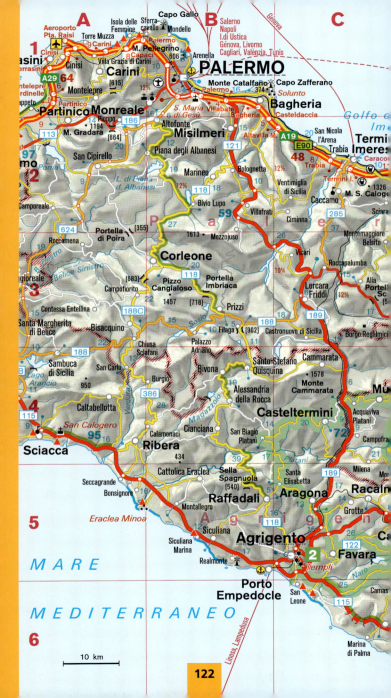

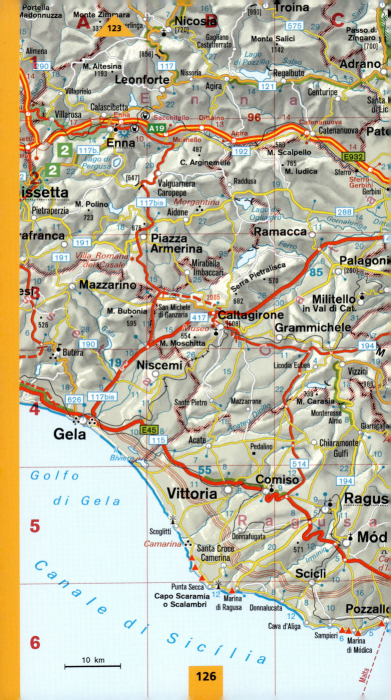

anzeige

mehr sehen schon vor dem urlaub:
hier zeigen wir ihnen alle vorteile von
holiday autos.

als weltgrößter vermittler von ferienmietwagen
bieten wir ihnen mietwagen in über 80 urlaubsländern
zu äußerst attraktiven alles inklusive preisen.
und wenn wir von „alles inklusive" reden, dann meinen
wir das auch so. denn im preis von holiday autos
ist wirklich alles inbegriffen:

- vollkaskoversicherung ohne selbstbeteiligung
  im schadensfall
- kfz-diebstahlversicherung ohne selbstbeteiligung
- erhöhte haftpflichtdeckungssumme
- unbegrenzte kilometer
- alle lokalen steuern
- flughafenbereitstellung
- flughafengebühren

buchen sie gleich in ihrem reisebüro,
unter www.holidayautos.de oder
telefonisch unter 0180 5 17 91 91 (12 ct/min)

kein urlaub ohne

holiday autos

MARCO POLO

Für Ihre nächste Reise gibt es folgende Titel:

Deutschland
Allgäu
Amrum/Föhr
Bayerischer Wald
Berlin
Bodensee
Chiemgau/
 Berchtesgaden
Dresden/
 Sächsische
 Schweiz
Düsseldorf
Eifel
Erzgebirge/
 Vogtland
Franken
Frankfurt
Hamburg
Harz
Heidelberg
Köln
Lausitz/Spreewald/
 Zittauer Gebirge
Leipzig
Lüneburger Heide/
 Wendland
Mark Brandenburg
Mecklenburgische
 Seenplatte
Mosel
München
Nordseeküste
 Schleswig-
 Holstein
Oberbayern
Ostfriesische
 Inseln
Ostfriesland
 Nordseeküste
 Niedersachsen
Ostseeküste
 Mecklenburg-
 Vorpommern
Ostseeküste
 Schleswig-
 Holstein
Pfalz
Potsdam
Rügen
Ruhrgebiet
Schwäbische Alb
Schwarzwald
Stuttgart
Sylt
Thüringen
Usedom
Weimar

Österreich
Schweiz
Berner Oberland/
 Bern
Kärnten
Österreich
Salzburger Land
Schweiz
Tessin
Tirol
Wien
Zürich

Frankreich
Bretagne
Burgund
Côte d'Azur
Disneyland Paris
Elsass
Frankreich
Französische
 Atlantikküste
Korsika
Languedoc/
 Roussillon
Loire-Tal
Normandie
Paris
Provence

Italien
Malta
Apulien
Capri
Dolomiten
Elba/Toskanischer
 Archipel
Emilia-Romagna
Florenz
Gardasee
Golf von Neapel
Ischia
Italien
Italienische Adria
Italien Nord
Italien Süd
Kalabrien
Ligurien
Mailand/
 Lombardei
Malta
Oberitalienische
 Seen
Piemont/Turin
Rom
Sardinien
Sizilien
Südtirol
Toskana
Umbrien
Venedig
Venetien/Friaul

Spanien
Portugal
Algarve
Andalusien
Barcelona
Costa Blanca
Costa Brava
Costa del Sol/
 Granada
Fuerteventura
Gran Canaria
Ibiza/Formentera
Jakobsweg/
 Spanien
La Gomera/
 El Hierro
Lanzarote
La Palma
Lissabon
Madeira
Madrid
Mallorca
Menorca
Portugal
Spanien
Teneriffa

Nordeuropa
Bornholm
Dänemark
Finnland
Island
Kopenhagen
Norwegen
Schweden
Südschweden/
 Stockholm

Westeuropa
Benelux
Amsterdam
Brüssel
England
Flandern
Irland
Kanalinseln
London
Luxemburg
Niederlande
Niederländische
 Küste
Schottland
Südengland

Osteuropa
Baltikum
Budapest
Kaliningrader
 Gebiet
Litauen/Kurische
 Nehrung
Masurische Seen
Moskau
Plattensee
Polen
Prag
Riesengebirge
Rumänien
Russland
Slowakei
St. Petersburg
Tschechien
Ungarn

Südosteuropa
Bulgarien
Bulgarische
 Schwarz-
 meerküste
Kroatische Küste/
 Dalmatien
Kroatische Küste/
 Istrien/Kvarner
Slowenien

Griechenland
Türkei
Athen
Chalkidiki
Griechenland
 Festland
Griechische
 Inseln/Ägäis
Istanbul
Korfu
Kos
Kreta
Peloponnes
Rhodos
Samos
Santorin
Türkei
Türkische
 Südküste
Türkische
 Westküste
Zakinthos
Zypern

Nordamerika
Alaska
Chicago und
 die Großen Seen
Florida
Hawaii
Kalifornien
Kanada
Kanada Ost
Kanada West
Las Vegas
Los Angeles
New York
San Francisco
USA
USA Neuengland/
 Long Island
USA Ost
USA Südstaaten
USA Südwest
USA West
Washington D.C.

Mittel- und
Südamerika
Argentinien
Brasilien
Chile
Costa Rica
Dominikanische
 Republik
Jamaika
Karibik/
 Große Antillen
Karibik/
 Kleine Antillen
Kuba
Mexiko
Peru/Bolivien
Venezuela
Yucatán

Afrika
Vorderer
Orient
Ägypten
Djerba/
 Südtunesien
Dubai/Emirate/Oman
Israel
Jemen
Jerusalem
Jordanien
Kenia
Marokko
Namibia
Südafrika
Syrien
Tunesien

Asien
Bali/Lombok
Bangkok
China
Hongkong/Macau
Indien
Japan
Ko Samui/Ko Phangan
Malaysia
Nepal
Peking
Philippinen
Phuket
Rajasthan
Shanghai
Singapur
Sri Lanka
Thailand
Tokio
Vietnam

Indischer
Ozean
Pazifik
Australien
Hawaii
Malediven
Mauritius
Neuseeland
Seychellen
Südsee

Cityguides
Berlin für Berliner
Frankfurt für
 Frankfurter
München für Münchner
Stuttgart für
 Stuttgarter

Sprachführer
Arabisch
Englisch
Französisch
Griechisch
Italienisch
Kroatisch
Niederländisch
Norwegisch
Polnisch
Portugiesisch
Russisch
Schwedisch
Spanisch
Tschechisch
Türkisch
Ungarisch

In diesem Register sind alle im Reiseführer erwähnten Orte und Ausflugsziele verzeichnet. Halbfette Seitenzahlen verweisen auf den Haupteintrag, kursive auf ein Foto.

Acireale 24, **27ff.**
Acquacalda 87
Ägadische Inseln 82, **78f.**, 86, 96
Agrigent 24, 71, **69ff.**, 96f., 100, 109f.
Alcamo 69, 81
Alcantara 27, **40f.**
Alicudi 83, **88**
Altofonte 95
Anapo-Tal 54f.
Äolische Inseln s. Liparische Inseln
Aragona 97
Ätna 7, 10, 17, 21, *26*, 27, 29, **32ff.**, *39*, 45, 76, 97, 99ff., 109
Augusta 100
Avola 54
Bagheria 66
Balata di Baida 86
Birgi Novo 94f.
Bolognetta 65
Bucheri 100
Burgio 23
Buscemi 105
Calascibetta 45f.
Caltabellotta 76
Calatafimi 15
Caltagirone 23, **44f.**, *102*
Caltanissetta 96
Camarina 50
Canicattini 54
Canneto 87
Capo Graziano 46
Capo Kaldura 59
Capo Lilibeo 72f., 95
Capo Milazzo 37
Capo Orlando 57, 104
Capo Raisigerbi 59
Capo Rosello 72
Capo Schisò 47
Capo Zafferano 57
Caronia 101
Castel Eurialo 51, **54**
Castel di Lucio 60, 105
Castel di Tusa 60, 105
Castellamare (del Golfo) 57, 81
Castello di Baida 80
Castello Manfredonico 97
Castelbuono 60
Castelluccio 49
Castelmola 41
Casteltermini 97

Castiglione 100
Castroreale 37, 99
Catania 7f., 23, 24, *27*, **29ff.**, 47, 100, 104, 109, 111, 132
Cava Grande 48
Cava d'Ispica **48**, 101
Cefalù *6*, 21, **57ff.**, 100f., 104, 107
Centocavalli 28
Cesarò 38
Collesano 100
Corleone 66
Ditella 90
Donnafugata **50**, 100
Donnalucata 104
Drauto 90
Enna **45ff.**, *92*, 96, 107
Eraclea Minoa **76**, 104
Erice 76, **79f.**
Eryx 73, 93
Ettore Infersa 91
Falconara 72, 104
Favara 97
Favignana **78**, 93, 104
Ferla 55
Ferrovia Circumetnea 34
Ficogrande 89
Filicudi 83, **88f.**
Fiumara d'Arte **59f.**, 105
Fondacello 104
Fontane Bianche **54**, 104
Fonte Ciane 54
Fossa delle Felci **88**, 96
Ganzirri 37
Gela 9, 16, 69, **72**, 104f.
Gelso 91
Giardini-Naxos **41**, 104
Giarre 34
Gibellina 25, **73f.**
Gibilmanna 59f.
Ginostra 89
Gola Alcantara 105
Ibla s. Ragusa
Isnello 36, 101
Isola Bella 40
Isole Egadi s. Ägadische Inseln
Ispica 43, 48
Joppolo Giancaxio 71
Lampedusa 100
Leni 88, 96
Letoianni 39f., 104

Levanzo **78f.**, 93
Licata 72
Linguaglossa 33, **34f.**
Lipari 23, *82*, 83, **84ff.**
Liparische Inseln 7, 21, 27, 37, 83, 99ff.
Madonie-Berge 17, 57, 59, **60**, 97, 99ff.
Malfa 87f.
Mareneve 34f.
Marettimo **79**, 93
Marina di Noto 48, 104
Marina di Palma 72
Marina di Ragusa 50
Marinella 74f., 104
Marsala 24, 69, **72ff.**, 80, 93ff.
Mazara del Vallo 74
Mazzaforno 59
Mazzarò 40
Messina 7f., 11, 15, 21, 25, **35ff.**, 99f., 107, 111
Milazzo **37f.**, 84, 99, 101, 104
Milo 33
Modica 43, 48, **50f.**
Mondello **72f.**, 104
Monreale 60, **67**, 105
Monte Cammarata 97
Monte Pellegrino 57, 60, 66, **67**
Montelaguardia 34
Montevago 74
Monti Iblei 43, 53
Monti Peloritani 99
Monti Rossi 34
Monti Sicani 93
Morgantina 46, **47**
Mozia 93, **95**, 101
Mussomeli 96
Naro 97
Nebrodi-Berge 17, 27, **38**, 57, 99ff.
Nicolosi 29, 33, 101
Nicosia 105
Noto *42*, **47ff.**
Noto Antica 47, **48f.**
Ortigia 51ff.
Palazzolo Acreide 25, **49**
Palermo 7ff., 9, 15, 17, 19, 23, 25, *56*, 57, **60ff.**, 99f., 104ff., 132
Palma di Montechiaro 72

Panarea 83, **90**
Pantalica 43, 54, **55**
Pecorini 88
Pedara 33
Peloritani-Berge 11, 27, 38, 41, 95
Petralia Sottana 25, 60, 100f.
Piana degli Albanesi 25
Piano 91
Piano Battaglia 60, 101
Pianoconte 86f.
Piano Provenzana 28, 33f.
Piano Zucchi 60
Piazza Armerina 25, **46f.**
Piscità 89
Pollara 88
Pollina 59
Porto Empedocle 72, 110
Porto Palo 75
Porto Palo di Capo Passero 49
Porto Palo di Menfi 104
Pozzallo 50, 104
Prizzi 25
Punta del Faro 36, **37**
Quattropani 87
Raddusa 47
Ragusa/Ibla 7, 9, 43, **49ff.**, 99, 104f., 107
Randazzo 34, 96, 105
Realmonte 72
Rifugio Sapienza 28f., 32f.
Rinella 87f., 96
Riposto 28
Riserva dello Zingaro 80f.
Rocca Busambra 66
Rosolini 48
Sabbucina 96
Salina 83f., **87ff.**, 96
Salina Ettore Infersa 91
Salina Galia 94
Salina di Nubia 94
Sampieri 105
San Angelo Muxaro 97
San Bartolo al Monte 87
San Biagio 97
San Cataldo 96
San Fratello 25, **38**
San Giovanni della Punta 32

REGISTER

San Leone 104
San Marco 40, 104
San Michele di Ganzaria 44
San Pietro 90
San Vincenzo 89f.
San Vito (Lo Capo) 25, 77, **80**, 81, 104
Sant'Agata di Militello 38
Sant'Alessio Siculo 41
Sant'Alfio 28
Sant'Ambrogio 59
Santa Maria La Scala 28
Santa Maria Salina 46, 96
Santa Rosalia di Quisquina 97
Santa Tecla 28
Santo Spirito 96
Santo Stefano di Camastra 23
Savoca 41
Sciacca 23f., 78, **75ff.**, 104
Scillichenti 28
Scifi 41
Scoglitti 104
Scopello 80f.
Scurati 80
Secca Grande 76
Segesta 25, 68, **81**
Selinunt 9, 69, **74**, 75, 104
Siculiana (Marina) **72**, 104
Sortino 55
Sperlinga 105
Stagno die Marsala 105
Stretto 7, 36f., 96
Stromboli 7, 83, **89f.**, 104, 109
Sutera 97
Syrakus 7, 9, 16, 25, **51ff.**, 75f., 99, 104f., 107, 109, 111
Taormina 23, 25, 26, 27, **39ff.**, 99, 105, 107, 109, 111
Tindari **38**, 100, 104
Torre del Filosofo 32
Torre dell'Impiso 80
Torre Macauda 76
Torre Salsa 72
Torre dell'Uzzo 81
Torre Verdura 76
Trabonella 96
Trapani 9, 23, 25, 69, 76, **77ff.**, 93ff., 107
Trecastagni 25, 32
Ustica 100
Valle dei Templi 24, 69, **70f.**
Valle del Bove 28
Vendicari 48f.
Viagrande 32
Villarosa 96
Villa Margi 59
Villa (Romana) del Casale 46
Villa San Giovanni 7
Vulcanelli di Macalube 97
Vulcano 83f., **91**, 104
Zafferana Etnea 28, 32f.
Zingaro 80f.

Schreiben Sie uns!

Liebe Leserin, lieber Leser,

wir setzen alles daran, Ihnen möglichst aktuelle Informationen mit auf die Reise zu geben. Dennoch schleichen sich manchmal Fehler ein – trotz gründlicher Recherche unserer Autoren/innen. Sie haben sicherlich Verständnis, dass der Verlag dafür keine Haftung übernehmen kann. Wir freuen uns aber, wenn Sie uns schreiben.

Senden Sie Ihre Post an die MARCO POLO Redaktion,
MAIRDUMONT, Postfach 31 51, 73751 Ostfildern,
info@marcopolo.de

Impressum

Titelbild: Heraklestempel (Huber: Liese)
Fotos: Feldhoff & Martin (73); J. Frangenberg (41, 63, 68, 94); R. Freyer (U. M., U. r., 17, 22, 27, 31, 36, 42, 52, 53, 56); R. Gill (12); H. Hartmann (1, 5 r., 6, 21, 24, 65, 67, 76); HB Verlag: Feldhoff & Martin (U. l., 25, 33, 101); Huber: Liese (117); La Terra Magica: Lenz (84); laif: Celentano (49), Eid (44, 92, 102); Orient Photo (9, 15); T. Stankiewicz (10, 20, 43, 58, 75, 79, 82, 83, 89, 91, 97, 98, 104, 106); M. Thomas (2 o., 2 u., 4, 5 l., 7, 18, 26, 39, 81)

11., aktualisierte Auflage 2005 © MAIRDUMONT, Ostfildern
Herausgeber: Ferdinand Ranft, Chefredakteurin: Marion Zorn
Redaktion: Arnd M. Schuppius, Bildredakteurin: Gabriele Forst
Kartografie Reiseatlas: © MAIRDUMONT/Falk Verlag, Ostfildern
Vermarktung: MAIRDUMONT MEDIA, media@mairdumont.com
Gestaltung: red.sign, Stuttgart
Sprachführer: in Zusammenarbeit mit Ernst Klett Sprachen GmbH, Stuttgart, Redaktion PONS Wörterbücher
Das Werk einschließlich aller seiner Teile ist urheberrechtlich geschützt. Jede urheberrechtsrelevante Verwertung ist ohne Zustimmung des Verlages unzulässig und strafbar. Das gilt insbesondere für Vervielfältigungen, Übersetzungen, Nachahmungen, Mikroverfilmungen und die Einspeicherung und Verarbeitung in elektronischen Systemen.
Printed in Germany. Gedruckt auf 100% chlorfrei gebleichtem Papier

Bloß nicht!

**Die meisten Fallen stellt man sich oft selbst,
weil man Kleinigkeiten nicht beachtet,
die den Sizilianern selbstverständlich sind**

Auf der Straße kaufen

An Marktständen können Sie wählen, wühlen, anfassen wie die Einheimischen, meist gibt es sogar Preisschilder, sonst sehen Sie, was andere dafür zahlen. Höchste Vorsicht ist aber angeraten bei den Gewerbetreibenden, die aus ihrer Ware fast schon ein Geheimnis machen, Gelegenheiten versprechen, die es nur einmal im Leben gibt. Vielfach bittet man Sie um einen kurzfristigen Vorschuss ...

Das Menú Turistico bestellen

Fast alle Restaurants bieten dieses Essen zum Festpreis an, das zwei Gänge, Nachtisch, ein Getränk, den Preis des Gedecks sowie alle Steuern und die Bedienung enthält. Einheimische machen fast nie von diesem Angebot Gebrauch, obwohl es wesentlich weniger kostet als Essen à la carte. Aber es zeichnet sich hauptsächlich durch Einfallslosigkeit aus, und nur ganz selten werden Sie landestypische Gerichte auf den Teller bekommen, stattdessen serviert man Ihnen Kotelett, Brathuhn oder eine Scheibe Roastbeef, das meist zäh wie Sohlenleder ist, dazu ein paar dürre Blättchen Salat oder eine halbe Tomate.

Zum Diebstahl einladen

Diebe und Räuber lauern nicht in jedem Winkel; riskant sind die Großstädte, Häfen und viele Strandregionen. Lassen Sie nichts sichtbar im Auto liegen, Sie riskieren sonst eingeschlagene Scheiben. Bei Fahrten durch Palermo und Catania verriegeln Sie Türen und Kofferraum. Autodiebstähle sind in Sizilien nicht häufiger als anderswo, aber diese beiden Großstädte stehen in der italienischen Statistik an hoher Stelle. Das gilt auch für Handtaschendiebstahl vom fahrenden Auto oder Moped *(scippo)* aus. Verzichten Sie entweder auf die Tasche, oder tragen Sie diese immer zur Hauswand hin. Wie überall sonst auch operieren im Gewühl von Märkten, Bahnhöfen, Busstationen und Einkaufsstraßen gern und geschickt Taschendiebe.

»Lo Scontrino« vergessen

Nehmen Sie überall den Kassenbon mit, auch wenn Sie nur ein Brötchen gekauft haben. Der *scontrino* ist der Beleg dafür, dass Ware oder Dienstleistung in der Kasse verbucht wurde und dafür Steuer abgeführt wird. Ausnahmen sind Benzin, Zigaretten und Zeitungen. 100 m weit sind Sie so etwas wie ein Gehilfe der Steuerfahndung, und es gibt für Sie und den Verkäufer hohe Strafen, wenn Sie den Zivilbeamten der Guardia di Finanza den Beleg nicht vorlegen können.